JN159991

酒田五法は風林火山

相場ケイ線道の極意

日本証券新聞社

はじめに

相場の神様といわれる本間宗久翁が遺した「酒田戦法」をもとにして作られたケイ線の解説〝酒田五法は風林火山〟を本紙に連載後、読者の期待にこたえる形で出版したのは昭和四十四年二月のことである。すでに五十年を超えた。

この間、全国の投資家から好評を博して毎年版を重ね続け、この種の本では珍しいロングセラーの記録を作った。これはこの本が簡潔で読みやすいことにもよるが、基本的には本間宗久翁の考えが不滅の輝きを持った相場哲学であり、この哲学に基づいて作られたケイ線は当然のことに不滅、古今東西に数多い相場の本の中で最も明快、かつ実践的な面が大いに役立つからであろう。

投資家層の年代の変化もあって、この本を「読みたい」という希望がなお多いため、今回、改訂に踏み切った。すでに四度の追補、六次の改訂を経た本だが、過去においてそうであったように、初版において形成されたこの本らしい風格を残すことを前提に、今次改訂においても必要な範囲での入れ替えにとどめた。

平成七年の版から加えられた「相場への〝無防備〟に警鐘」は、ケイ線分析に関する解説文として熟読玩味いただきたいが、第七次改訂版ではリーマンショック以降の経済情勢の変化を踏まえ、内容に手を加えている。これによって、さらに読みやすくなったであろう。第二章での実例チャート、第三章の実践編チャートでは、経営統合などによって姿を消した銘柄のチャートを外し（重要なものは残している）、今回はソニー、ファーストリテイリングなど主力銘柄の解説文を新たに加えている。

過去四十年余り、歴代の編集者・記者が改訂作業に携わったことで、ヒゲ・影、抱き線・ツツミ足など用字用語に不統一があるが、それを無理に統一するとかえって文章の含意を損なうことがあるため、読者が混乱する恐れがあるものに限っての訂正・注書きにとどめている。ご了承いただきたい。

万古不易。令和になって初めて増補・改訂されたこの版では、新たに補章を加え、初版本のベースとなった「証券売買の秘宝」を再点検し、筆者、箕山道人の履歴にも触れた。そこには新たな発見もあった。全国の読者に広く愛読されることを切望する次第である。

令和元年十二月

日本証券新聞社

酒田五法は風林火山／目　次

第三章　実践編

酒田五法は風林火山

第一章　相場と本間宗久

相場への〝無防備〟に警鐘

深刻なデフレに伴う平成大不況と、それをたえず先見し続けてきた株価。かつて経験したことのない混迷と不透明な時代に踏み込んでいるからこそ、株価の足跡を刻んできたケイ線が従来以上に注目されている。

ファンダメンタルズ（経済の基礎的諸条件）の分析だけでは容易に測りきれない相場の奥深さを、ケイ線に見いだす人が多いのは昔も今も変わらない。

チャートは、投資家心理の揺れ動きを濃密に集積したものである。とくに陰陽足で描かれた〝和式罫線〟は、その一本一本に投資の深い思いと体験が克明に刻まれている。

株式市場は戦後、大きく分けて①朝鮮動乱による特需景気（昭和二十六～二十八年）②神武景気（同三十年～三十二年）③岩戸景気（同三十三年～三十六年）④いざなぎ景気（同四十一年～四十四年）⑤列島改造景気（同四十七年～四十八年）⑥超低金利を背景にしたバブル景気（同六十二年～平成元年）──という六つのブームがあった。

しかし、とくに⑥を背景にしたバブル相場が崩壊した平成元年以降の市況冷え込みは極めて厳しいものがあり、個人投資家の絶望と不信、市場からの離散が広がったのは周知のとおりである。先物によって現物相場が攪（かく）乱され、一方では株式市場を罪悪視するマスコミの論調に乗って政策当局の対策がたえず後手に回ってきた重大な責任は免れないだろう。「百年に一度の金融危機」とまで言われた平成二十年（二〇〇八年）秋のリーマン・ショック時もそうだった。

ただ、個人投資家レベルに立てば、〝右肩上がりの株高神話〟や楽観的な経済見通しを信じた結果、株式市況の持つ独自の習性や相場の本質について無関心だったことが、よけい傷を深くしてしまった。酒田五法は、そうした相場に対する〝無防備〟を戒める歴史的教材である。

本来、投機（スペキュレーション）というのは、単純なギャンブルとは異質なものである。日本ではこの投機を罪悪視する風土が残っており、とくに株式市場を博打場のようにみなして〝バブル潰し〟に励んだかつての日銀、大蔵省がその後の経済運営に重大な障害をもたらしたのは言うまでもない。

しかし、ヨーロッパでは「投機とは合理性の追求であり、不条理への挑戦である」と言われ、したがってビジネスの世界でも「投機を知らずして、大事な財産を守れない」との見方は日本とは比較にならないほど浸透している。

相場の世界には、あまりにも材料が数多く錯綜し、個人投資家にはなかなか判断がつかないケース、例えば平成元年夏—同二年にかけての「湾岸危機」と「湾岸戦争」、あるいはＩＴバブル崩壊時や米サブプライムローン問題。さらにはアベノミクスと日銀の異次元金融緩和のように専門家の間でも見通しがつかず、また大きく読みが外れる場合も少なくない。

ただ、そうした時、「相場は相場に聞け」という格言に忠実になって市況に耳をすます姿勢が重要だ。よく言われるように「相場は嘘《うそ》をつかない」からだ。株価がこうした先を読む力をいかんなく発揮するのは、なぜか。その解答は、ある識者による以下の説明で十分だろう。

「株価はその騰落が直接、命から二番目のものに響く、内外何百万、何千万の投資家――それも世界各国の支配層に近い人々――の景気予測にもとづいた売り買いによって決めれるもので、基調としてみた場合、その先見性には驚くべきものがある。予測の結果が少しぐらい狂っても格別どうということのない、一握りのエコノミストとは訳が違う」（松本和男『株価変動と景気循環』）。

ところでこのような不特定多数の投資家の思惑がぶつかりあい、結果的に最大公約数の方向に動く相場をさらに探って行く時、「その底に経験的な法則は発見できないものか」という疑問がわく。ケイ線（チャート）研究、あるいはケイ線論というものが生まれるゆえんだ。

もちろん、ケイ線は万能ではない。しかし、栄枯盛衰の歴史を振り返れば人間心理の不変性、共通性がわかるように、相場の世界でも投資家心理の経験的な「法則性」が認められるのも事実。その投資家心理の急所をズバリ表現しているのが酒田五法である。

ある程度、経験的な法則をのみこんでかかれば、相場の興味も深くなるし、ムードや群集心理だけで、無定見に売ったり買ったりすることもないだろう。どんな仕事でもスポーツでも、特定のルールがあり、技術が必要とされるが、相場の世界も同じであり、そこに足を踏み入れるかぎり先人の残した教訓をマスターするのは、必要な技術習得というべきだろう。「敵を知り、己を知れば、百戦あやうからず」だ。

ところで、この「己を知る」ということが相場の世界では、もっともむずかしい。一九六〇年代以降米国式のケイ線（チャート）もいろいろ導入され、また個人的に精緻なチャートも、いろいろ考案されてはいるが、日本古来の米相場から生まれているケイ線論は、結局「相場はハラの問題」として、精神の鍛練を重視しているのは大変な特徴であり、優れた点であろう。

東洋的な精神論だけでは、実戦の役に立たないが、〝剱禅一味〟という言葉があるように、精神が統一されていないと技術も生きてこないし、どうしてもムードに溺れてしまいやすい。昔から相場の格言には、人間心理の急所をつくとともに相場の法則をズバリ表現している名言が多い。本書がとりあげている酒田憲法とは、昔から「三猿金泉秘録」とともに相場の二大教典とされているもので、その原典は「本間宗久翁秘録」である。これは現在のような型に表現したケイ線ではなく、のちに整序されたおよそ百六十箇条にわたる文章であり、この宗久翁の説いた相場論にもとづいて後世の相場研究者が工夫を重ねて具体的な線型（足）に要約し、名称をつけたものだ。

これにはたとえば華道なら、同じ池ノ坊から多くの流派が生まれているように、少なくとも五、六派の酒田ケイ線論があるようだ。その一種と思われるが、本書は、昭和二十四年ごろ〝箕山道人〟という著者名で自費出版された「証券売買の秘宝」という一書から要点を学んだものだ。この「秘宝」は類書の中でも、当時もっとも明快かつ実戦的にまとめられていた珍しい本である。今、読み返しても教えられるところが多い。

本書の題名は「酒田五法は風林火山」である。風林火山は、いうまでもなく孫子の「故に其の疾きことは風の如く、其の徐かなることは林の如く、侵掠することは火の如く、動かざることは山の如く……」からとったものだ。

短期、長期を問わず株式投資の一大基本は天井とみればすみやかに利食い、底とみればすばやく買う。わかりにくい相場であれば休まなくてはならない。即ち、風林火山の心が必要となり、酒田五法の精神とするものは「売る、買う、休む」の三法にあり、出動―手仕舞いに際しては敏なることと教えている。本書の題名とするゆえんについては、多くの説明を必要としないであろう。

相場の名人・本間宗久

百戦連勝、相場の神様といわれた本間宗久は徳川八代将軍吉宗の享保二年（一七一七年）に出羽国庄内（現在の山形県酒田市）に生まれた。

生家は「本間様には及びもないが、せめてなりたや殿様に」とうたわれた日本一の大地主、本間家である。この本間家の初代当主原光の五男で幼名を重信、熊次郎、伝治と言い、後に久作、久米などと称し、最後に宗久として通している。

宗久の母は原光の二度目の妻、鶴岡市（山形県）の医師宮本高哲の娘・お松で、この人の子は宗久とその上の四男春庵（医師）の二人だった。宗久の妻は近くの新堀村に住む加藤勘右衛門の娘・美也という人で、兄の光寿（本間家二代当主）の妻の妹である。この夫妻の間に男女二人の子供があったが、二人とも若くして死んでいる。そこで妻の実家から養子を迎えて宗久の後を嗣がせた。

宗久が初めて相場を張ったのは兄の光寿から本間家の営業を託されていた時代、つまり寛延三年（一七五〇年）本間家の三代目当主、光丘が姫路（兵庫県）の奈良屋に見習修業中で、光寿晩年のころである。

酒田は出羽米（いまの庄内米）の大集散地であったので、宗久は当然のように米の売買と投機に手を出した。この辺の事情について宗久遺書に「そもそも両羽の地、美田沃野数十里にわたり、古来米産をもって世上名あり、加ふるに酒田米会所の機関ありて、売買はなはだ円滑、四方の商人、正米買入れのために輻輳するもの常に船を港口に泊して帆檣ために林の如し、ああ、吾が従事すべきは、これ米商なるかな」と書いている。宗久の米相場に対する意気込みが読みとれる。

宗久は早速米相場の研究を始め、実践に移したが、買えば当たり、売れば当たりで、わずかの間に数万金の利を得たと伝えられている。

間もなく光丘が姫路の見習修業から帰ると、光寿は財産を兄弟に分配したが、そのとき末弟である宗久には兄三人のだれよりも多い額を渡している。宗久の才能と本間家への貢献度を考えてのことであろう。

宗久はこの金を懐にして大阪へ出て、そこで堂島の米会所（米の取引所）を見た。当時の堂島市場は米市の創始者である豪商淀屋が諸大名の蔵屋敷を背景に羽振りをきかせていた時代で、激しい売り買いに相場師たちが一日大名一夜乞食の悲喜劇を繰り返していた。もちろんその取引規模は当時は日本一で、酒田の比ではない。

さて宗久は本間家を嗣いだ光丘とはからって大量の庄内米を酒田港から積み出した。この米は日本海沿いに西下、難所といわれた能登半島沖を乗り切って福井県の敦賀、小浜から大津を経て京都に回米、ここで売りまくる一方、京都と大阪の米会所を舞台に期米相場に挑んだ。

なにしろ当時の本間家は二十四、五万石といわれた豪農であり、この現物を背景にしているから強い。しかも米の作柄の情報も刻々入る。

こうした恵まれた条件もさることながら、宗久は天才的相場師であった。年々の記録を集積して天然・気象を予見、作柄の豊凶を割り出すという自然の法則に従って売買する合理性に加えて、大胆不敵で進退自在な攻防はいつも仕手戦に花を咲かせ百戦連勝、常勝不敗の大記録を打ち立てるとともに、たちまちのうちに巨万の富を築き上げた。

当時〝出羽の天狗〟の異名をとるほど畏敬され、業界の大立物にのしあがったのは当然である。

関西市場を席捲して相場の神様とさわがれた宗久は、こんどは江戸をねらった。当時の江戸は将軍のお膝元だけに経済力と物資の動きは大阪をはるかにしのいでいた。米の取引所も神田、浅草、深川、永島町、通三丁と五つもあって殷賑を極めていた。ここに乗り込んだ宗久は当初は苦戦しながらも、のちにスケールの大きい売買を展開、天才的相場師の面目を遺憾なく発揮して空前の巨利を得た。

〝出羽の天狗〟はここでも米穀問屋を慄え上

がらせたのである。その神出鬼没、進退ぶりはまことにあざやかで、当時江戸の町々では、

酒田照る照る

堂島くもる

江戸の蔵前雨が降る

という俗謡がはやったほどで、宗久の天才ぶりは、いまでも日本の米市場史に燦然と輝いている。

かくて、天才の名声と巨万の富を得た宗久は、江戸根岸に豪邸を構えて、悠々自適の生活を送ったが、晩年は上野寛永寺から相模守に任ぜられ、「江戸本間」とか「根岸本間」と称され、幕府の財政の相談にも与かっている。最後は仏門に入ったが、享和三年(一八〇三年)の春、相場とともに生きた光彩陸離たる生涯を梅の咲く根岸の里で閉じた。

この宗久が活躍した時代は現在の激動時代に相通じるような〝天明の大飢饉〟があったり、百姓一揆も続発して米相場を中心に経済が激動した時代であっただけに、その存在は一段とクローズアップされるわけだが、彼が残した「酒田戦法」「相場三位の伝」こそは古今東西の数多い相場に関する本の中では一番の名著であることに異論はあるまい。

というのは、宗久は江戸時代の単なる天才的相場師というだけではない。その見識、実践、人生訓の総てにおいて教えるところがきわめて多く、その書は現代の株式相場にも立派に通用するすばらしい古典であるからである。

第二章　酒田五法は風林火山

――相場ケイ線道の極意

攻防の分岐点と急所

日足を読む酒田の秘法

この酒田ケイ線は、日足を用いる。江戸時代には月、火、水……の週の呼称がなかったし、当時の米相場には月足など悠長なものも通用しなかったのであろう。

とにかく、この日足の形の中にオーバーにいえば、人間社会―米相場であれば天然、気象の予見まで―の森羅万象が映し出されるとみるわけだ。とくに、相場する者の心理、需給関係、売りと買いの勢力関係が、すべて一本の線（ないしは何本かの線の組み合わせ）の中に集約されるとする。それを明鏡止水の心境をもって正視し、透視するのが酒田の秘法であろう。基本線は二十四種がある。

日足の書き方は、一本の棒線を引いて寄り付きの位置には横に短線、大引けの位置に矢印（∧・∨）を入れる簡明なものを箕山道人は用いているが、本稿では一般的なロウソク足に書き改めて説明する。

大赤線　高値引けのいわゆる陽線、特に基準はないものの前日の値幅の三倍以上とされる。いずれにしても、長大陽線に注意するのは、相場の初歩として当然であろう。

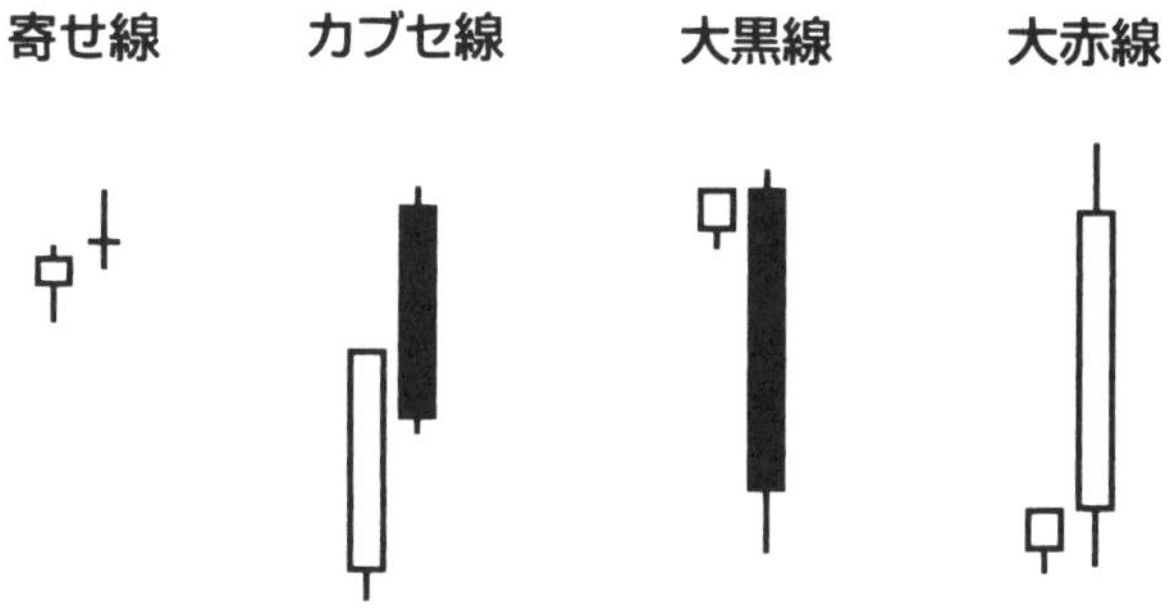

大黒線　安値引けの陰線の長いもの。大赤線の反対。

カブセ線　前日かなり長い陽線を出したのち、勢い余って一円、二円あるいは一〇円以上も上放れて高寄りすることはよくあるが、あと反落して前日の陽線の中に食い込み、陰線となって大引けしたときが重要。「相場が相当に上伸したところに出現すれば〝ドテン売り越し〟を敢行する急所」とされる。

寄せ線　寄り付きと同値で引けて十字になる線。いわゆるヒゲが比較的短いときは、俗にトンボというあだ名がつく。長いのは足長。上にだけヒゲがある形はトウバ。攻防の分岐点ともいうが、酒田秘法では「天底の暗示」とする。完全に寄り引け同値でなく一、二円の差があるときも、寄せ線に準ずるとみていいようだ。上下に短いヒゲがでるとコマといって、一般に気迷い線ともされる。

この寄せ線の例を、JFEホールディングスでみる。平成十五年(二〇〇三年)十一月十九日の日足はコマに近い形だが、ここは経営統合後初の三〇〇〇円台に向かう相場の重要な転換点だった。三〇一〇円高値が翌年一月五日の大発会だったのも意味深長。大赤線に上ヒゲ長い陰線がカブセとなった後、陽線を一本引いて抵抗したのは大納会らしい〝年越し〟人気だったか。お屠蘇気分の中で顔を出したのが「天井暗示」となる十字足だった。その三日後、目先底でも現れるが、こうして勢力きっ抗したところでしばしば出現する。

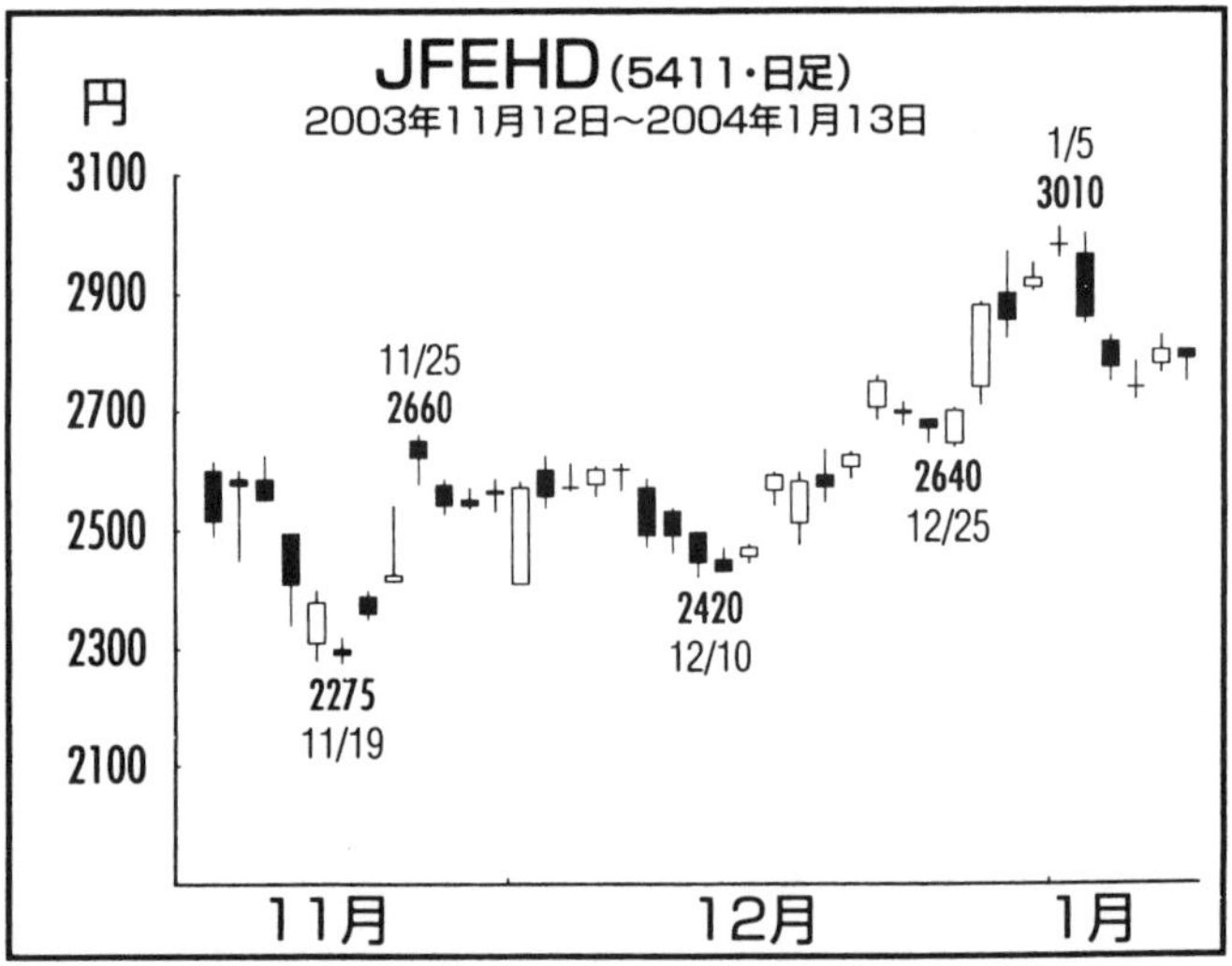

寄り切り線は酒田の生命

休むも相場

相場が微妙な分岐点を迎えてきたときに、あえて勝負を挑むのは非常にむずかしい。一般的にはこのようなときはひと休みするところだとみるべきであろう。〝酒田三法〟とは「投機には売り、買い、休むの三法あり」ということ。俗にいう「休むも相場」である。

極線　ごく短い線で、別名はホシともいう。陰でも陽でもよいが、とくに「二ツ星、三ツ星」は重要である。実例については後述するが、上伸途上に出現すれば上放れの前兆、下落途上ならば下放れの前兆とされる。「分岐を司るもの」という。

連続線　前日の値幅のなかで寄り付くことが必要。前後の陰陽はどちらでもよい。いわゆるマドをあけて値が飛ぶと連続線にならない。上昇相場にしろ下落相場にしろ、この形が続くことは穏健な動きとみられるわけだが、この三手と五手、さらに「八手—十手」というのは重要である。たとえば「上位にて陰陽五本連続すれば陰転の兆し」とか「放れて三手の新値は利食い場」とか……これも詳しくは後述（〝手〟とは一本の日足のこと）。

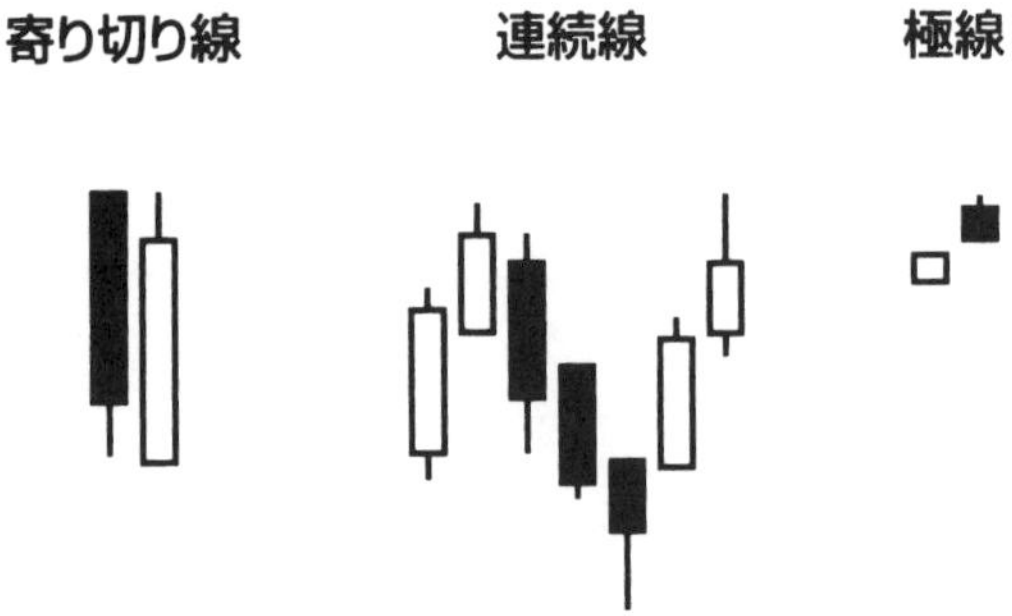

寄り切り線　陽線（赤線）なら寄り付きが安値で、下にザラ場の安値がない線である。俗に〝陽の寄り付き坊主〟ともいって、なお上値暗示のかなり強い線とされる。逆に陰線なら、寄り付きを高値として、そのまま下値波乱になって引ける線をいう。俗に〝陰の寄り付き坊主〟ともいって、下値暗示の弱い線とされる。

いずれも比較的長線をいうが「寄り切り線は酒田の生命也」と〝秘法〟では断言している。高値で〝陰の寄り付き坊主〟が出れば「売りの決定線」だし、安値で〝陽の寄り付き坊主〟が出れば「買い転換の決定線」となる。ただし、これが次の段階の大相場の前兆となるケースも起こりうるが後述。

日立の日足を使ってみよう。平成七年（一九九五年）三月二十四日のザラバ八〇〇円割れをつけた翌日に寄り切り線（陽線）をつけて買い転換。そこから三月末にかけ一〇〇円幅の上げを示したのはセオリーどおりだった。ところが四月後半には、陰線の寄り切り線をマーク。そこから相場は崩れた。その後、六月をはさんで極線をしばしば入れ、七月半ば以降の急騰前夜にまた極線を示現する。案の定、連続陽線五本を立てる伏線となった。

寄り切り線を「十日以上、数ヵ月以後」に上抜くか、下抜くかすると、今度はドテン売り越し（買い越し）に転じよと「詳解」が説くのは、いささかややこしい。「踏み、または投げの損など瞬間に回復するもの也」という。

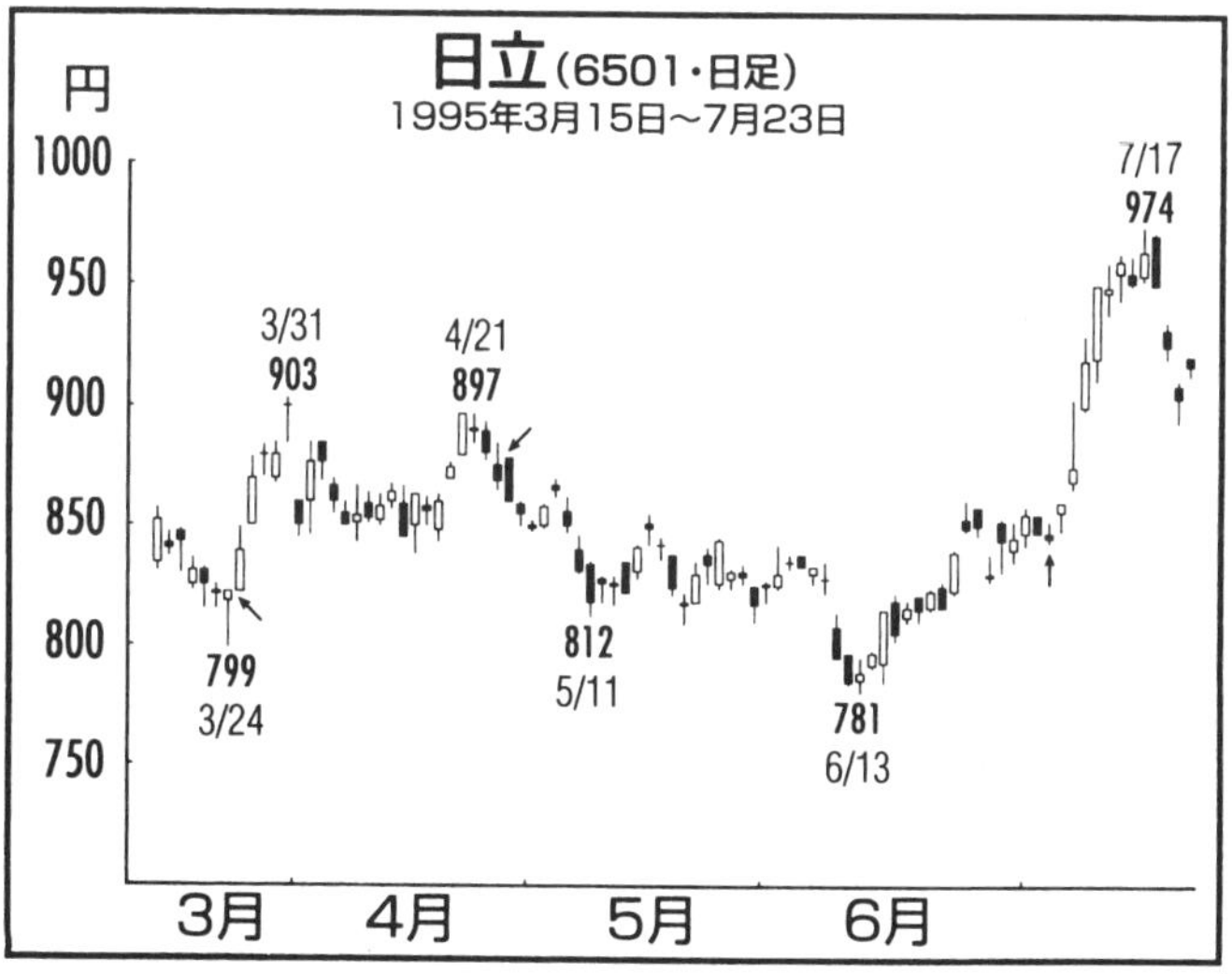

天底暗示の〝抱き〟など

建玉にとらわれざること

この一句は〝酒田訓戒〟の金言録の一つ。いわゆる「相場に意地は禁物」というのと同じ。買いにしろ売りにしろ、自己の建玉に未練執着すると、材料に対しても、ことさら身勝手に解釈して自ら慰め、遂には〝骨膜に達し〟たり〝療養あいかなわず〟となる。ただただ秘法に照らして変化を認めたときは、断固として投げ、または踏むことこそ禍を福に転ずる妙諦として、転身の術を教えたもの。「振り下す刃の下ぞ地獄、飛び込んでみよ。極楽もあり」という新影流の極意を箕山道人はあげている。

たくり線

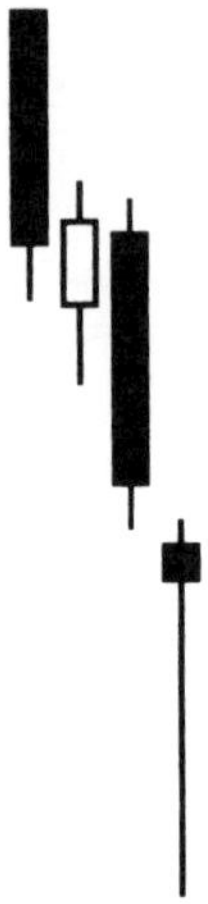

たくり線　寄り付きから安く、大きく突っ込むが、また急反発して引けた波乱の足。つまり下ヒゲの長い陰線である。実体（寄り付きと引けの間）が長いこともあり、極小のときもある。ただし、一カ月くらいは下げたと

抱き線

放れ三手

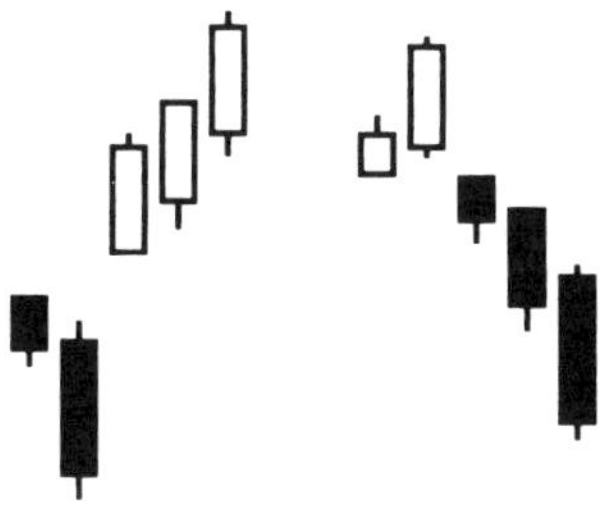

ころに出るのが本物とされる。深い井戸に落ち込んだ物を、たくり上げる勢力の発生を意味する。

放れ三手　前日までの動きと急に方向を変え、放れて寄りつき、同じ方向に連続線三本が並ぶときをいう。図のように陰陽が逆の場合がある。「放れ三手の新値は利食い」と、秘法の実戦編にあるが、詳しくは後述。

抱き線　俗にツツミ足ともいう。前日の値幅を包む大黒線または大陽線であり「上部の〝抱き〟は天井、下部の〝抱き〟は底の表示と知れ」とある。陰陽の組み合わせが重要。すなわち包みたる線が陽なら前日は陰、陰で包みたる時は前日が陽と知るべしという。

さて、ファナック（６９５４）の日足で検

証してみよう。ザラバ安値三三〇〇円まで突っ込んだ平成七年（一九九五年）三月二十四日に、たくり線を示現。そこから急反騰に転じたことから分かるように、この足はまさにドテン買いに踏み切る急所であった。

四月十二日に三九〇〇円まで値を飛ばしながら、放れ三手の陽線三本を引き、その翌日、十字足（＝寄り引け同値線）をつけて伸力はひとまず尽きる。その後、微調整を経て小戻すが抱き線をつけたところで転機となり、五月十二日には陰線の放れ三手（厳密には前記の三手と同様、一手目の線と前日の線とが完全に放れていないので「放れ三手に近い線」というべきだが、基本的な見方は変わらない）となって三四〇〇円まで下押し、目先底を入れた。

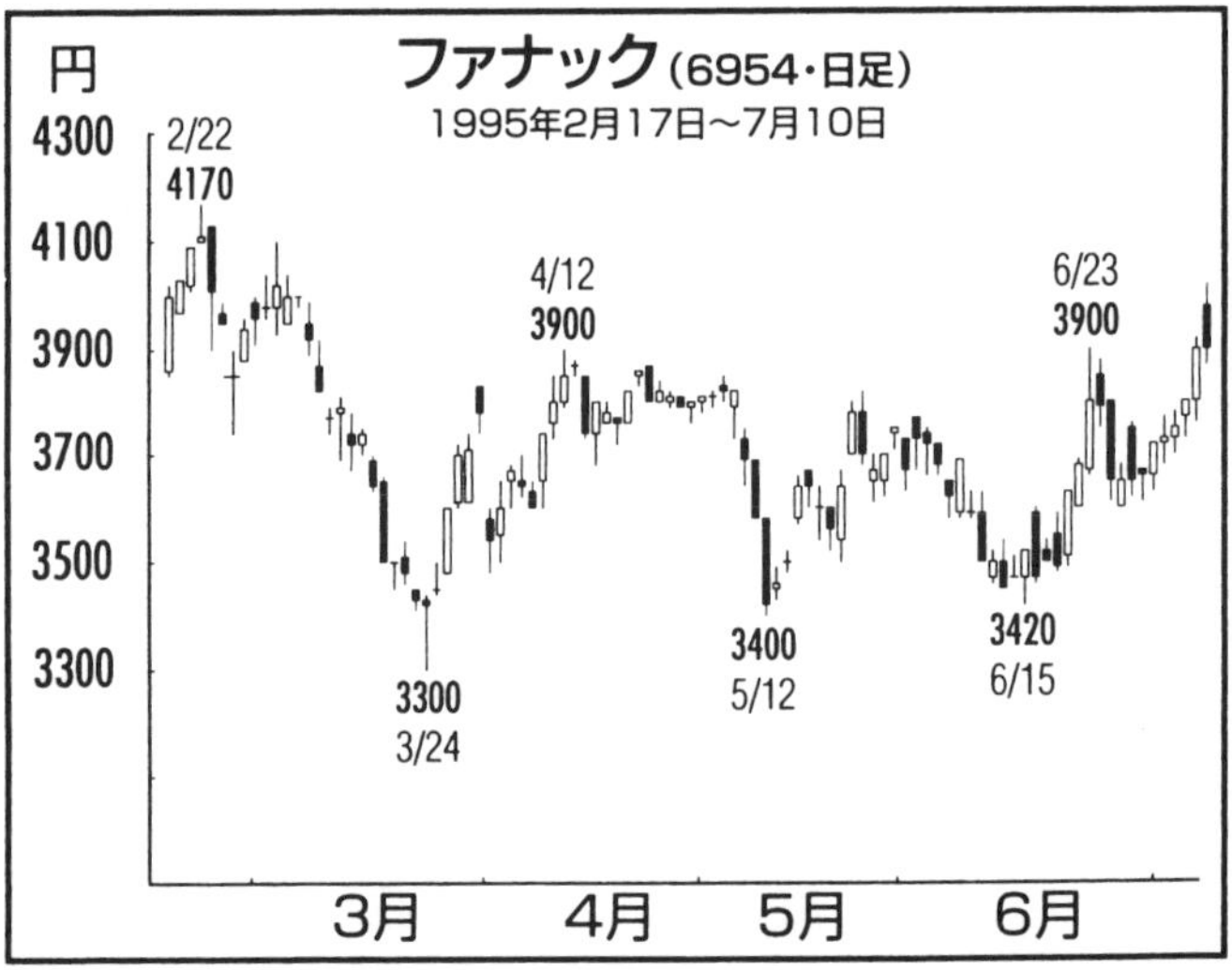

〝本場寄一〟は物の始めなり

損得を計算するを不可とす

これは前項を、もっと具体的に述べたもの。「一文惜んだための引かれ玉」という相場川柳もあり、ここで投げる（または踏む）とイクラ損……などとメソメソしていると、ますます身動きがとれなくなる。いくら信用期日が六カ月だからといって「いくらで利食えば飲み屋のツケが払える」などと悠長に〝狸の皮算用〟を楽しんでいると、当てごととフンドシは向こうから外れる。「たくほどに風がもってくる落ち葉かな」の心境であれと箕山道人も教えている。また宗久翁のいわく「投機をなす者は楽悲を戒む」—同じく「楊柳のごとくありたし」と……。材料に対する早まった楽観、悲観も禁物ながら、痩せ我慢ではなく、常に心に余裕をもち、ポーカーフェースで行かないと、勝負の世界はダメなのである。

はらみ線　前回の〝抱き線〟とは長短が前後した形。すなわち前日の値幅以内で寄り引けした足で、変化の前提なりとされる。たとえば上昇途上の上位において長大陽線に短い陽線がはらむと、もはや「伸力乏しい証拠」

空

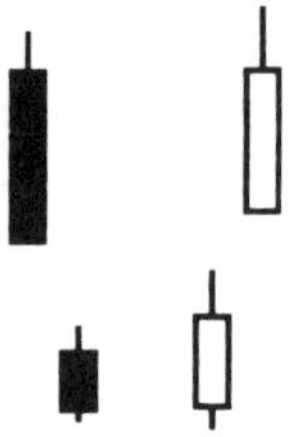

はらみ線

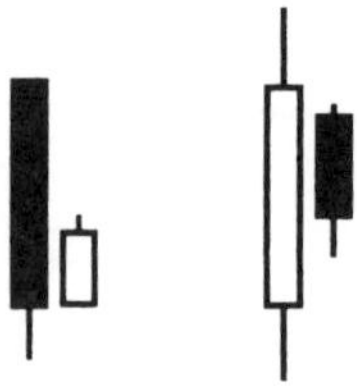

とされるが、陽線に陰線がはらんだときは、その翌日が上寄り陽線か下寄り陰線かをみて方針を決する（詳しくは後述）。

空　俗にマドという。三日目までにマドを埋めなければ、あと三十日以上の上伸力あり……さらに押し目または下落途上の戻りも、前のマド埋めまで、とされる。しかしマドあけが三回つづく〝三空〟—上げ相場なら陽線、下げ相場なら陰線の放れ足三本—が出たら天井（または大底）近しとみて、ひとまず利入れ、手じまうところとされる。「空は酒田の骨子なり」（詳しくは後述）とある。

「本場寄一は物の始めなり」　本場は前場、一とは昔の一円単位、いまは十円単位で考えられるが、実戦論には「本場寄一は物の始め

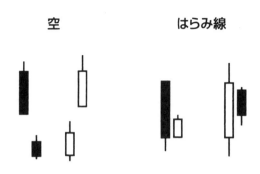

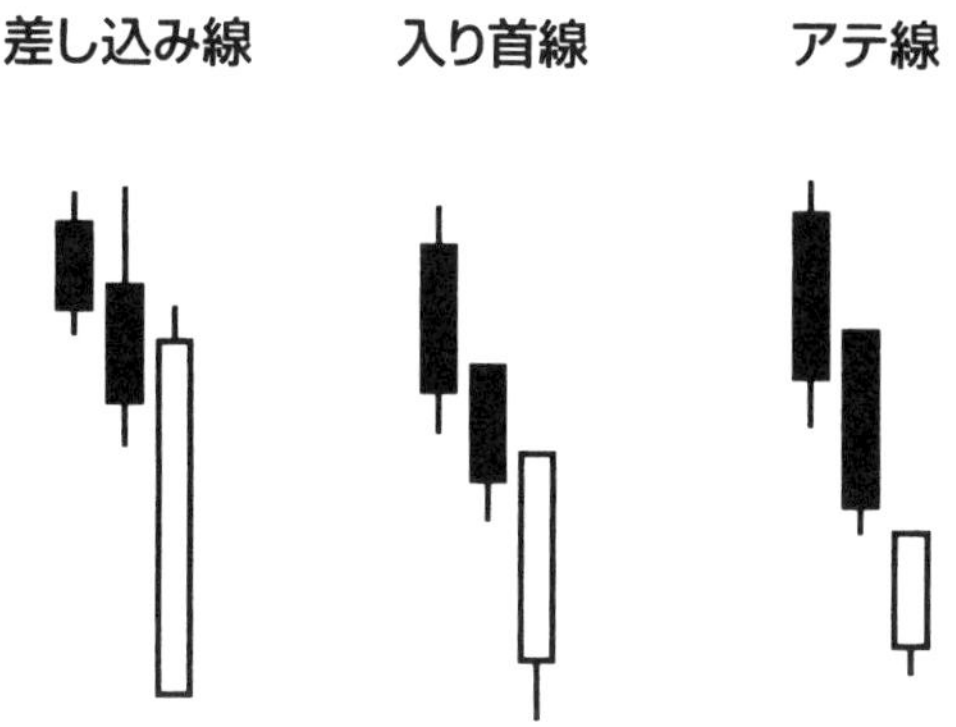

なり」とある。寄り付いて十円すすむくらいなら、その方向は間違いなく、そこから仕掛けるのである。仮に高寄りしても、それだけであわてて飛びつくのは禁物。逆に安寄りしても、あわてて投げることはない。

アテ線　前日の線から放れて寄り付き、前日の安値（ヒゲの先）で止まった線。

入り首線　アテ線がさらに伸びて前日線に首を入れて引けた線。ともに変化の激しいところに現れ、追撃売りの急所になるという。ただし、この線を下回ったところから追撃をかける。

差し込み線　入り首線の長いもので同じく追撃売りの急所。しかし「上げ足の差し込み線」というのもある。これは買い線になる。

三羽烏、三手打ちなど

酒田三猿・堅くこれを守れ

〝三猿〟とは、いうまでもなく、見ざる、言わざる、聞かざるの意。相場の世界では、強弱観の対立は常のことである。相手があるからこそ生きがいなのであって、それを自分に確信がないからといって、あちらに聞き、こちらに聞いて右往左往するのはチャブつくもと。万人が強気になれば天井、万人が弱気のときこそ大底……ともいうが、その万人の説に逆らっても、断固としてゴーイング・マイ・ウェイの気概が欲しい。

まして「他人の説に迷うは不可」なら「百株を買って天下を論じあい」などと川柳に笑われるがごとき、鼻もちならぬ相場天狗になる必要はさらになし。もともと、相場の世界は孤独なもの「連れができたら儲からない」ともいう。

また、いわく「早耳の早倒れ」―相場には早耳の必要は断じてなく、材料が出て、それを相場がどう消化するか、相場の方向を確めてから、秘法の示すところによって態度を決すればよいとされる。

要するに「天井近き場合の好材料は売り、

底入れ近き場合の悪材料は逆向かい買い」が原則。
ちなみに、世に〝ささやき戦術〟なるものもあり、早耳は実は遅耳……でなければデマで人をだまし、手前はニタリと逃げているなど、悪質な手合いもいることだ。溺れるものはナンとやら……、殺気立った競馬場でヘンな紙切れを求め、あわてて穴場に走っても、大穴などとれぬものらしい。

三羽烏

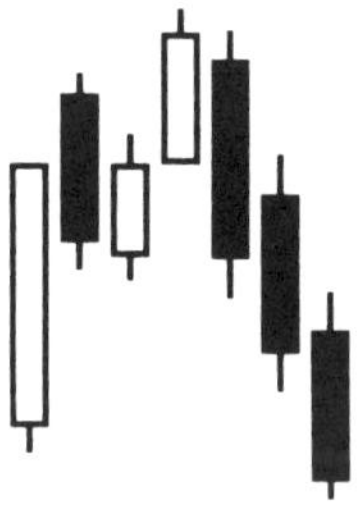

本来、相場は「我一分の了見にて、売買決して致す間敷くなり」と宗久翁はいう。つまり「……だろう」というばくぜんとした気持で取り組むものではない。いったん仕掛けたなら、見ざる、言わざる、聞かざるの信念大事。でないと相場にふり回される。

三羽烏　一カ月以上も相場が上伸したところで陰線三本が〝ツタイ〟で連続する形。崩落の前兆、一カ月以上は下落するとされる。ただし、最初の陰線が上放れた位置からくるのは〝押え込み〟といって買い線になるから要注意。

二ツ星、三ツ星　ともに相場が上伸または下落の途上で、小短線（極線）が固まって

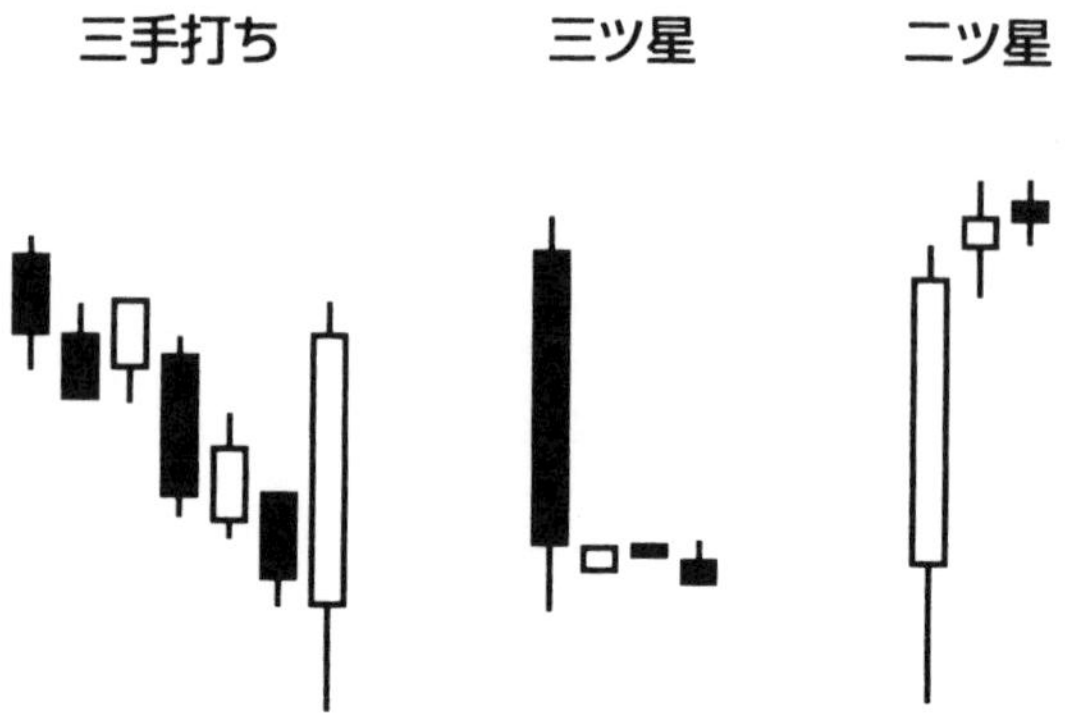

出現するもの。分岐点とされるが、上伸途上の相場なら次の上放れが買い増しの急所、図のような下落の途上なら次の下放れが追撃売りの急所になる。

三手打ち　高値からジリ貧、下落する相場で、にわかに長大陽線を出し、その前三日間の値幅を包んだ。いかにも強そうで買いたくなるが、実は戻り売りには絶好の急所とされる。

タスキ線　タスキとは、上げ相場なら陽線のあとその線内から寄り付き陰線となる。下げ相場なら陰線に連続して一本陽線が立つ。いずれも反対方向にタスキをかけるような形で、上げにしろ下げにしろ、その相場の方向は以後、加速化されるという。図に示した

下放れタスキ

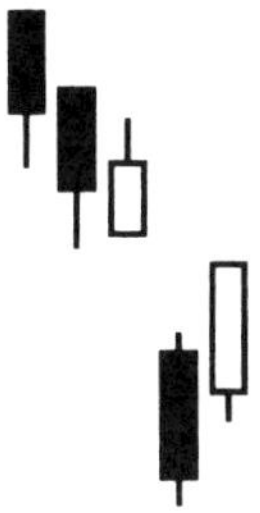

上放れタスキ

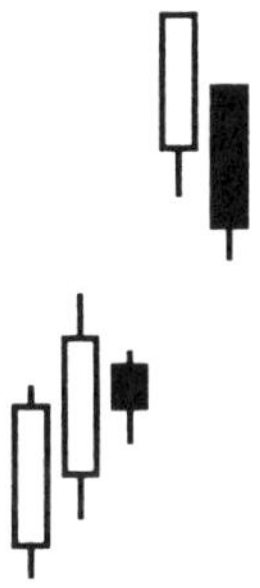

連続タスキ

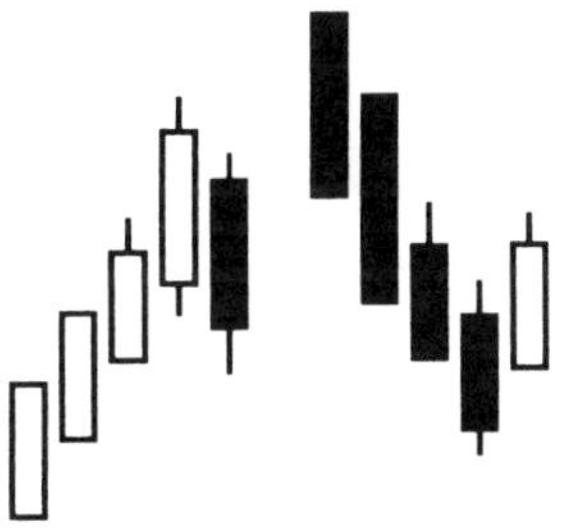

（上伸中）　　（下降中）

〝上放れタスキ〟は買い、〝下放れタスキ〟は売り乗せ場。同じく〝連続タスキ〟もある。この場合、放れず陽線、陰線がそれぞれ前日線に対してタスキをかけた形で連続するものをいう。上げ・下げともに二本目の線に対して逆向い。

こわい首つり、はらみ寄せ

値の居どころに躊躇するを不可とす

いわゆる〝安値覚え〟でリン気売りをする、または〝高値覚え〟で値惚れ買いをする……これが往々大ケガの元になる。要するに「相場が変わった」という言葉が本当に意味をもってくるときがあるものだ。それを忘れてはならないことを教えている。

ただし、酒田憲法では、配当とか利回りとか、もとよりアメリカ式のＰＥＲなどに関心があるわけはない。「利回り採算などで株価は決定されるものに非ずと知れ」と断言する。「相場は相場に聞け」という精神こそ神髄であり「人気によって株価は生まれる」ことを原則とする。

たとえば、法人所有株がどのくらい売り出されているとか、有力仕手筋が買っているとか、売っているとか、目に見えない需給関係も、あるいは新製品発表の材料なども、いつの間にか織り込んでいるのが相場であり、神ならぬ身が、総てを事前に知るよしもなく、知る必要もない。

近来、ケイ線破りなどといってウラをかく

〃腕力相場〃があるそうだが、結局はケツが割れるもの。道に背くものは、どこかで罰せられる。それを、いずれ相場は正しく教えるのである。

ツタイ線　順次、陰線で下押す二本の連続線をいう。三本になると前述の〃三羽烏〃だが、二本なら、それ自体で決定線の意味はないようだ。ただ「三十日以上も上伸した相場で出現すれば天井」とされる。ただし中勢天井の意であろう。「上伸途上であれば逆向かい買い」と、そのときの人気の判断が必要と思われる。

ツタイ線

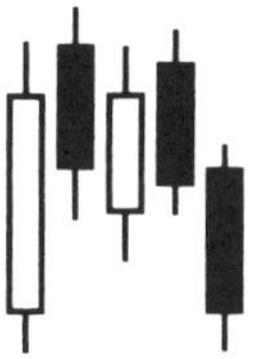

はらみ寄せ線　相場が、かなり続伸して、この線が出ると「すなわち天井と知るべし、買い玉はドテン売り越しなり」とある。十文字の寄せ線そのものが攻防の分岐点であるが、これが前日の長大陽線にはらむようでは、買い勢力も膠着状態、むしろ、ピタリと正眼

はらみ寄せ線

につけられて立ちすくんだ形とみるわけであろう。逆に、下げ相場の大陰線にはらむ寄せ線が、出ることも多い。買い転換であろう。

首つり線　正に〝高値波乱〟の形。まず上放れて寄りつく—恐らくマバラの売り方が踏む—が次の瞬間、買い方の成り行き利食い売りが殺到しておおいに下押し、さらに押し目待ちの買い物で高値引けという線、下ヒゲが実線の三倍以上あるのを原則とする。いかにも上昇エネルギーを残すようにみえるが、これがクセ物、ここを新規に買っては首つりものという。俗にカラカサともいう。

勢力線　首つり線の形が、続落相場の下位に現れた場合、下放れて高値引けの下ヒゲ長い陽線。買い方がほぼ投げ切って、下げエネルギーがきわまった状態という意味であろう。売り玉は一応退陣「休戦を可とする」となる。

首つり線

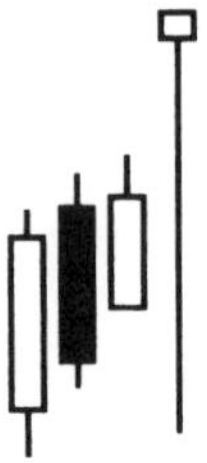

勢力線

〝酒田五法〟は風林火山

機を待つに仁、機に乗ずるに勇

売りにしろ買いにしろ〝仕掛け利食いの妙諦〟は「方針が確立しないうちは休むこと」。ムードにつられて軽挙妄動するは慎むべきことであるが、強気で行くか弱気で行くかの基本方針は固めても、なお仕掛けには「機の熟するまで待つに仁（忍耐の心）こそ肝要」とされる。

「バカバカしい。相場は相場だ！」などといって、秘法の指示をまたず敵状も相場の勢いも無視して行動する匹夫の勇では、みすみす逆手をとられ、待ち伏せ作戦をくう。せめて最初は、偵察戦程度にとどめるべきだ。

ただし酒田憲法には「ナンピン売買、堅くこれを戒む」ともある。相場の性格も知らず、はじめから売りならし買いならしの意図をもって臨むごとき戦術はシロウトだまし、文人が武を語るに等しい寝言……とまでいっている。大暴騰、大暴落の大相場に直面すれば、たちまち落城は必定……安全なようで危険きわまりない。面白いことに三猿金泉録でも「……初心の人これを真似すべからず……」とある。

三山

ただし、上げ相場での押し目買い、下げ相場でのアヤ戻し売りにナンピンの部分的効用は認めているが「乗せかけ追撃」こそ相場の醍醐味とする。

すなわち、ひとたび秘法の指示によって機熟したことを知ったときこそ、満を持して出動する男性的な戦略戦術……武田信玄の〝風林火山〟こそ酒田の神髄でもある。

酒田五法

三山　大天井を形成する骨子の線。相場おおいに上伸し、さらに買い人気旺盛でありながら、いわゆる上げこじれて同じ位置に上下運動を繰り返す場合。およそ三山を構成するのに一カ月以上を要するものとされる。真ん

三川

中が飛びだした形が〝三尊〟――（釈迦、文殊、普賢の三菩薩の意）である。もっとも強力な天井構成となる。アメリカでは〝ヘッド・アンド・ショルダー・トップ〟という。大天井ともなれば、一年に一回以上はないものとされる。

三川　三山の反対。真ん中が下に突起すれば〝逆三尊〟――もとより大底形成のパターンだから少なくとも数カ月の下落から起こる現象で、やはり一年に一回しか出ないのが原則としている。

三空　先に〝空〟の項でも触れたが、いわゆるマドあけが三つ連続する形。単線型と複線型がある。人気はいよいよアツくなり、成り行き買いと、セッパつまった売り方の踏み

三空

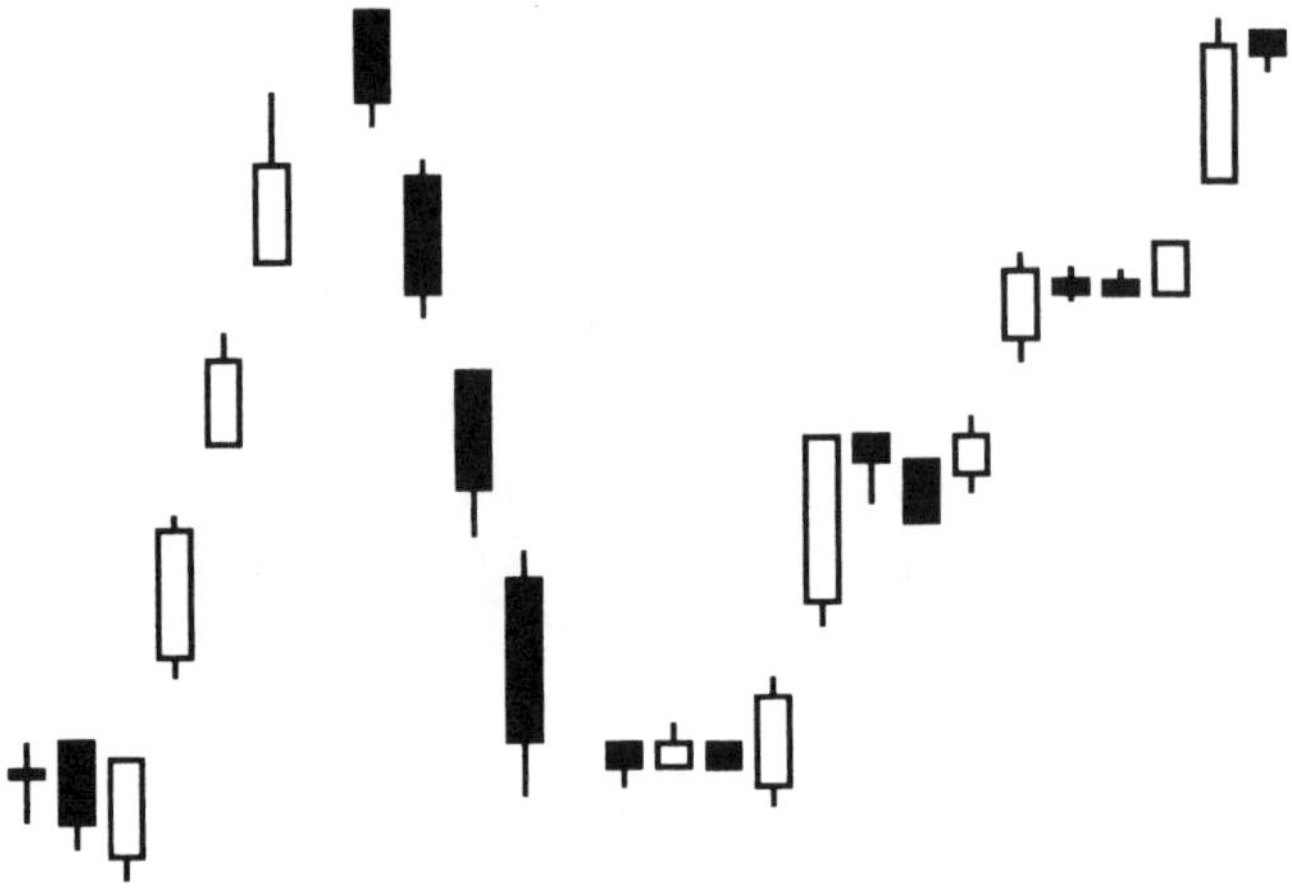

が殺到する相場であろう。二つ目のマドあけからは、買い方も、あまり調子に乗らず、冷静な利食いが肝心。
弱気筋は、それこそ〝清水の舞台から飛びおりる〟心境で、売り出動のチャンスということになろう。ただし、酒田戦術では、次に〝カブセ、または寄せ線〟が出るのをまって行動開始とする。
もちろん、この逆が「下げ相場の三空」。買い方の総投げによって生ずる。売り方は利入れのシオ時である。

三兵　上伸開始の象徴とされる。ある程度の底もみを経た市況から、意外にも短線ながら陽線三本連続した線型をいう。これを〝赤三兵〟とし、前出の〝三羽烏〟を、その反対

三兵

型とする見方もある。

三法　「売り、買い、休む」の三法だが、つまりは〝休むも相場〟を実戦上では〝上げ三法〟と〝下げ三法〟として行動論理にも用いる。高値圏の陽線のあと三本はらみ、次に前日線より高い水準で寄り付いた陽線が出れば買い。三本の〝はらみ線〟が休みの意で、相場は清新されるという。この逆が〝下げ三法〟である。即ち、安値圏の陰線のあと三本はらみ、次に前日線より安い水準で寄り付いた陰線が出れば売りである。

たとえば上げ三法、陽線から三本の陰線はつたいで連続する形、いわゆる前出の三羽烏の形だが、三本が陽線にはらむと三羽烏にならないところに注意（詳しくは後述）。

指し値はチャンスを逸する

仕掛け、手じまい指し値不可

世に〝スレ違い〟の悲劇あり、相場の世界でもウエットは禁物。男性的に出所進退を明らかにすることが肝要。つまらぬ〝条件〟などにこだわっていると、幸福のキューピットは向こうから逃げていく。チャンスを逸し、悔いを千載に残す。

見越し売買、堅く戒む

「一寸先もわからぬのが相場」と宗久翁もいっている。〝理外の理〟こそ相場の常。ナントカの浅知恵みたいな判断で「この材料が出れば、こうなるはず」などと下手な先見を気取るのはそれこそ凡夫の愚策。相場の方向が確実に記録されてから善処するのが手堅い酒田戦術である。「あすありと思う心のアダ桜、夜半に嵐の吹かぬものかは」の悟りこそが必要とされる。

成就して油断大敵

たまたま〝思惑〟が当たったからといって「相場が言うことを聞いてきた」などと、いい気になっていると〝ある日突然〟ショック材料が飛びだす。仕掛けて順調に進む場合でも、相場にはなにが起こるかわからない。あるいはまた、読み筋のはずの材料が出ても相場はウラ目に出ることもある。昭和四十三年〝四月バカ〟の米大統領のベトナム和平提案—（日経平均瞬間風速四八ポイント安から急反発）の経験は貴重であろう。相場に限らず、人生油断によって大きな過失を起す例は多い。常に油断は大敵である。

高値売ろう、安値買おうは損の元

「天井売らず、底買わず」ともいう。自分だけが相場をやっているのではない。「腹八分目」が肝心である。俗にいう「頭としっぽはくれてやれ」のゆとりが必要。

ケイ線カブレ、堅く戒む

あまり、いろいろなケイ線にこっても結論は出ないということ。「ケイ線に明るくなって足を出し」とかひやかされる。ケイ線には和式、洋式、独創的なものも含めて何十種もあるのだが、それぞれの大勢観—中勢観—短期（目先）観の区別もはっきりしないままこっちのケイ線で買い、あっちでは売りと出たら迷うだけ。それくらいなら自分の得意とするもの一つを信じる方が効果的であろう。宗久翁は「相場の型、人の顔同じものなし」とし〝カブレ〟を戒めている。酒田戦術は「型にとらわれず、ただ勢力だけを判断する」。

値ごろより日柄に注意

そのときどきの相場の若さ—スタミナの問題もあろうか。

たとえば、上げ相場なら「まだ上値があるはずだ」と思っても、かなりの日柄をかけながら、この程度しか上げないということは、上値に抵抗力があるか、好材料もムードほど現実的じゃない。そのうち相場が疲れてしまうということはあるものだ。「まだは、もうなり」という。あるいは急騰して意外な高値をつけたようでも、若い相場なら、まだ上げの日柄を残す。「もうは、まだなり」である。

反対に、下げ相場で「もう値は届いた、値幅整理はじゅうぶん」と思っても、やはり日柄をかけないと、なかなかシコリ玉はほぐれない。戻りは弱く、梅雨空のような相場が続いてカラッとしない。もう一度ユリ戻しを食って叩きつけられることがあるものだ。

投機を為す者は楊柳の如くありたし

投機を為す者は強気、弱気の一方に固まってはならない。風を受け流す楊柳のごとく、動きに順応できる頭と姿勢が必要だ。

一方に固まって意地になれば、買い乗せて損を大きくし、売り玉はカツガレて目もあてられないことになる。いつの相場にも意地はりすぎて〝ホゾ〟をかんでる者はいる。見切るときは見切るもの、一時の悲しみは持ち越さず、次に備える態度が相場の道である。

波高きは天底の兆し

上放れ陰線二本連続——最初は逆向かい、二度目はつくべし

めったに出ない珍しい線とされるが、酒田戦術からすると見逃せないチャンスであろう。上昇相場でマドをあけて上放れながら、陰線となるのは必ずしもアジがよくないもの。そこを逆に買い乗せる。

しかし、これが二度出るようでは売り方の攻勢が功を奏したとみる。

上放れ陰線

波高い線

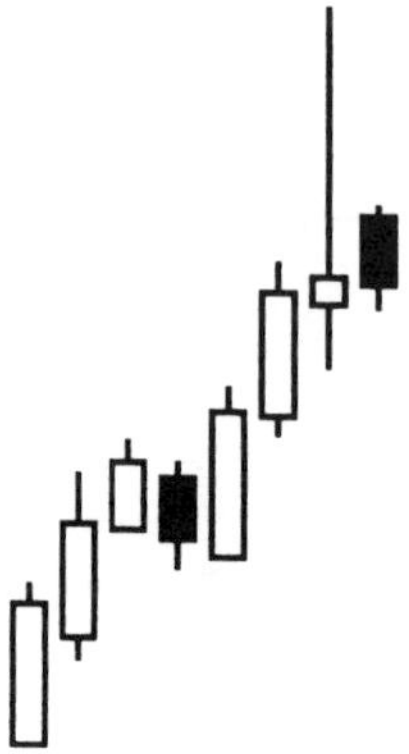

波高きは天底の兆し。はらみ線出るを待って放れにつく

〝波高き〟とは、要するに波乱相場のことである。寄り付きから大いに上伸するが、あと急反落してソコソコに引け、上下のヒゲが長く実体は小さい線になる。これは攻防の分岐点。

強弱の勢力がきっ抗してどちらも戦い疲れた形であろう。翌日に気が抜けたようなはらみ線が出ると、その翌日以後、早く立ち直った方につく。

〝洞ケ峠〟ではないが、彼我の状況を眺めて行動につく。つまり、次線をみて動くわけで、はらみ線の値幅以上に出たところから仕掛ける。迷うところだが、大相場には、よく出るものであるという。

ドテン売り買いの急所

本場寄り付きに、なるべく仕掛けざること

本場とは前場のこと。朝の寄り付き成り行き買い何百万株とか、何千万株とか、その日の相場の勢いを示す指標として、しばしば話題になる。前日の大引け後に出た材料、あるいは朝のテレビニュースや朝刊の材料をみて成り行き買い、または成り行き売りになるわけだろうが、あまり利口な相場の張り方ではないらしい。空売りのフミ、または買いの投げなら、一刻を争って人より早く……と思う気持ちもわからないではないが、群集心理に巻きこまれるのは大ケガの元。

寄り付き大上放れ、大下放れは放れにつくべし

しかし、大きく放れたときは別である。なんどもいうように前日の値幅または〝寄一〟を出た放れなら目をつぶって仕掛ける。さらに、前日が寄せ線、極線、二ツ星・三ツ星などで、そこから放れた場合は、寄り付きから仕掛けるものなり……とある。仕掛けて順調なら〝すでに戦果は七分の利あり〟という。

前場引け、後場寄り付きに迷いを不可とす

その日の相場は前場の前半で一勝負つくものだが、そこで強弱仕手の双方とも虚々実々の作戦をこらすせいか、よくデマが飛ばされるから用心しろ……ということ。付和雷同すると、思わぬ不覚を喫するし、やれやれと油断していると虚をつかれる。前項とともに〝水鳥の羽音に驚く〟ことを戒めたものであろう。いったん定まった〝相場の方向〟は、容易なことでは急変しないものだ。デマによる試行錯誤が生ずれば、そこは絶好の押し目買い（または売り乗せ場）と心得る胆力を養うことが必要だろう。

押え込みは翌日上放れの前提なり。買いを可とす

〝可とす〟という表現は、やや慎重だが、立ち上がった相場の上値から陰線三本が連続して下押すのは、典型的な押し目買いのチャンス。四本目陽線となって前日を上抜いたところから買い。前日の値幅から上放れ（マドを

押え込み

あけて……）たときは即刻買い。上伸途上の相場である。最初の陰線が下寄りしてはじまる〝三羽烏〟とは違うところに要注意。また、この最初の陰線の引け値が、前日の値幅に入ると、〝カブセ足〟になって、アジが悪いから、これも要注意。

この押え込みが、必ずしも三本でなく、二本または四本のときもあるようだ。

陽の陽はらみ

上位における〝陽の陽はらみ〟は伸力乏しき証拠。下位における〝陰の陰はらみ〟は下降力の消耗を意味する

〝陽の陽はらみ〟〝陰の陰はらみ〟とも、図の形より、もっと急騰（または急落）したあとに出ることが多いようであるが、長大陽線のあと息切れして安値寄り付き、一応は陽線に引けるが、前日の引け値も抜けない。相場は更年期に入り、そろそろ中勢天井とみるところ。ひとまず仕掛け玉は退陣。さらに翌日、カブセ、または寄せ線が出たら〝ドデン売り〟。

陰の陰はらみ

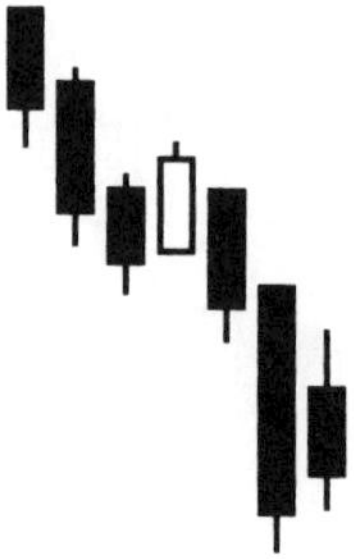

これが下降相場の場合は次に〝上寄りの陽線〟か、下寄りでも〝抱き線〟(陽線)が出れば勇敢に〝ドデン買い〟に転ずる急所となる。

上伸時代、押しは三手
または五手

ほぼ〝押え込み〟と同型。いわゆる〝目先の押し目〟は三日ないし五日が限度……とみて対処することである。

「三本目の引けで買い増し、五本あればさらに買い増す」と「詳解」では教えている。ここで注意したいのは、「押し三手」が「陰線三本」を意味するわけではないこと。この「詳解」では陰線・陰線・陽線の並びが例示されており、三本目は切返して前の陰線の実体に食い込む差し込み線の形が描かれている。どういう形となるか、引けて見なければ確認できないが、とりあえず買ってみろ、というわけであろう。三手も黒なら次は五手目となる。

〝遊び〟の放れは大相場

はらみは分岐の前提なり、はらみより分岐した方につくを可とす

前回にあげた「陽の陽はらみ—陰の陰はらみ」に対する「上位における陽の陰はらみ」と「下位における陰の陽はらみ」のことで、この方が普通に出現することが多いようだ。しかし、こっちは必ずしも〝ドテンの急所〟ではない。むしろ、攻防の分岐点というべきであろう。すなわち、上位におけるこのはらみ線の場合、翌日の形勢がキメ手。「翌日が上寄り陽引けなら買い増し」であり、「下寄り陰引けなら売り」となるところだ。

これが逆に、下落相場における〝陰の陽はらみ〟なら「翌日が下寄り陰引けなら売り乗せ、上寄り陽引けなら買い」になる。

新値八、十手は酒田の体の骨子なり

これは、かなり〝人口に膾炙(かいしゃ)〟しているようだ。要するに、上げ相場なら、いわゆる押し目らしい押し目も入れず、調子よく新値—新値と切ってくる相場は、一応は

八日間が限度と心得て、あとの二つは見逃しても目先は利食い。「腹八分目」だ。「万一、十一手の新値あるときは、多少の売りを試みてもよかろう」という。下落―売り相場のときは、この逆。目先で張る向きは八日間以上の追撃は不可であり、仮に追撃―売り乗せするなら、八日目以後の戻りを待つべきである。

この場合の〝新値〟の数え方は途中の一手、二手くらいのアヤ押し（またはアヤ戻り）は無視する。なお、日経平均などについては〝八日連騰〟などマレであることは周知のとおり。週足で九週以上の連続陽線も警戒……とするのが定石である。

相場ぐせには注意を要す

相場の表情は十人十色、千差万別である。個々の銘柄にもクセはある。たとえば、四十二年以来の三越の週足をみても、往来相場の繰り返しであった。調べてみると、勢いよく飛びだすとみえて、すぐ息切れする株はよくあるもの。いわゆる「クセが悪い株」といわれているものである。かなりタチが悪い銘柄も結構多い。しかし、そういう習性が打破されたときは「相場が変わった」という。

たとえば平和不はだいたい大相場の初期と末期に活躍する。先見的な高値（また安値）をつけてから二度―三度と思わせぶりに高値を更新する場面をみせるけれども、イレギュラーになり勝ち、老境に入るのも早い。これも平和不のクセというべきであろう。

上値遊び、下値遊びは注意を要す。放れて〝本場寄一〟出たるとき、つくを可とす。これ大相場となるべし

強力な長大陽線をもって上伸、そこで高値もみとなるのはよくある形である。急騰相場に対して利食い売り、空売りがかさむけれども、勢いにつく新規買い、あるいは仕手筋か事情通の買い乗せも、ジックリ入っているケースであろう。ただしあまりクドいのはよくない。〝上値遊び〟の短線は七本ないし十一本が限度とされる。そこから上放れたところこそ、買い乗せの急所！

この逆の〝下値遊び〟とは、突っ込みの急落があって、もみ合いとなる。底値形成であるが、そこに抵抗もあり、平行な短線が続く小幅往来は、いわゆる〝下げ相場の中段もみ〟にすぎず、これが下放れると大崩落！のはじまり。

高値にて〝カブセ〟出て下押すも、万一これを上抜けば逆転なり

相場が相当上伸して〝カブセ〟の陰線が出るのは、天井形成の表示であり、戻り売り方針をとるところだが、案外にシブトい高値波乱をつづけたのち、先の高値を上抜く強力な陽線を出すことがある。よほどの大材料が突発しない限り出現するような足ではないが、

これは大相場になる。再びドテン買いに転ずるところ。

デンソーも〝カブセ〟の多い銘柄である。平成十五年（二〇〇三年）五月から始まった反騰相場の中での押しはいずれも〝カブセ〟の出現による。七月には〝行き違い線〟のような長陰線が現われて寄せ線二本と小陰線をはらんだが、これが〝遊び〟。四週目には長大陽線が現われて逆転、二段上げに向かった。九月の二四〇〇円高値の後に見られるのがごく一般的にみられる〝カブセ足〟。勢いが加速したところで、ちょうど出会い頭のカウンターパンチのような現われ方。翌週は、マドをあけて下放れている。もう一度切り返した後も〝カブセ〟。さすがにここで息が切れた。

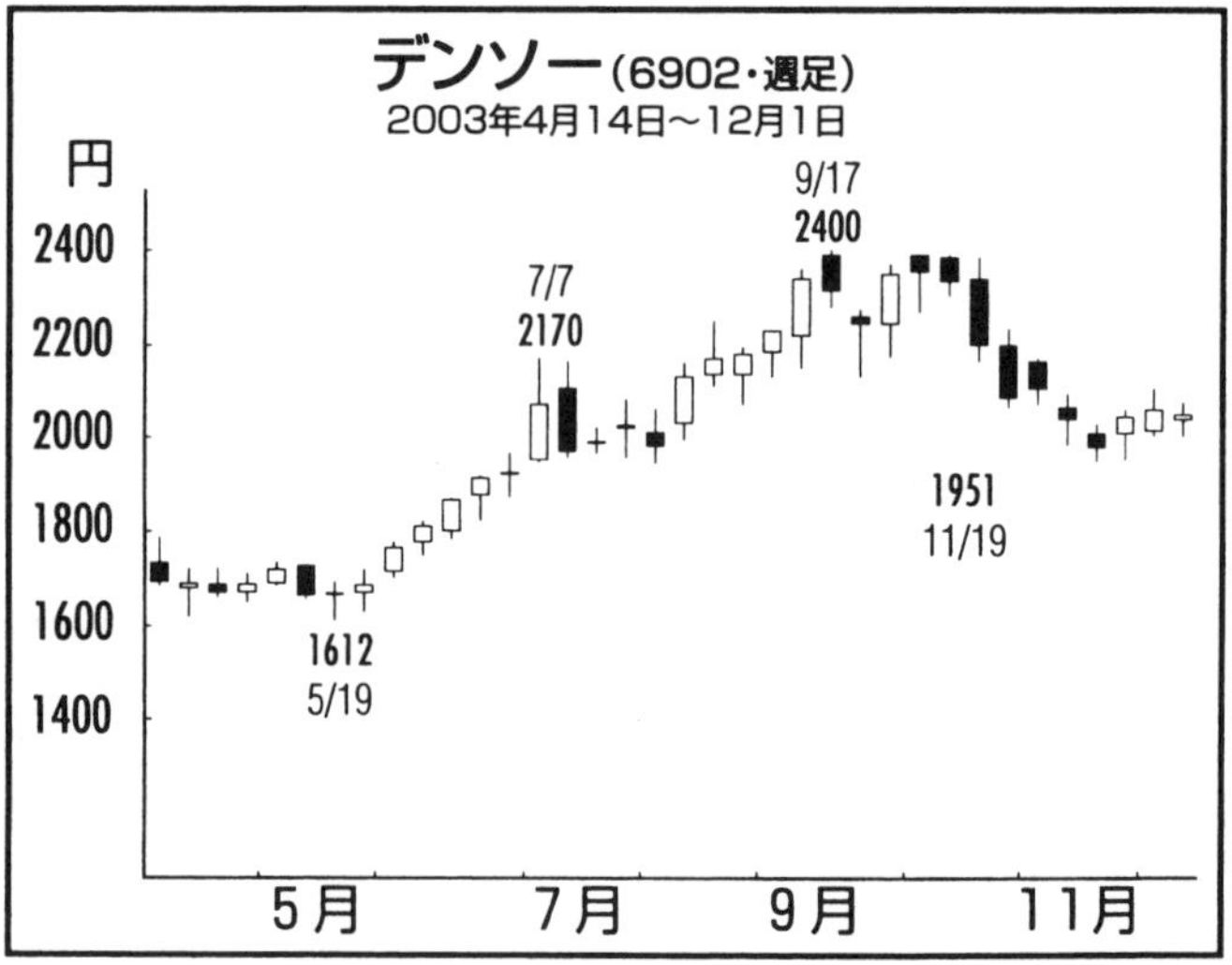

下値遊び

上値遊び

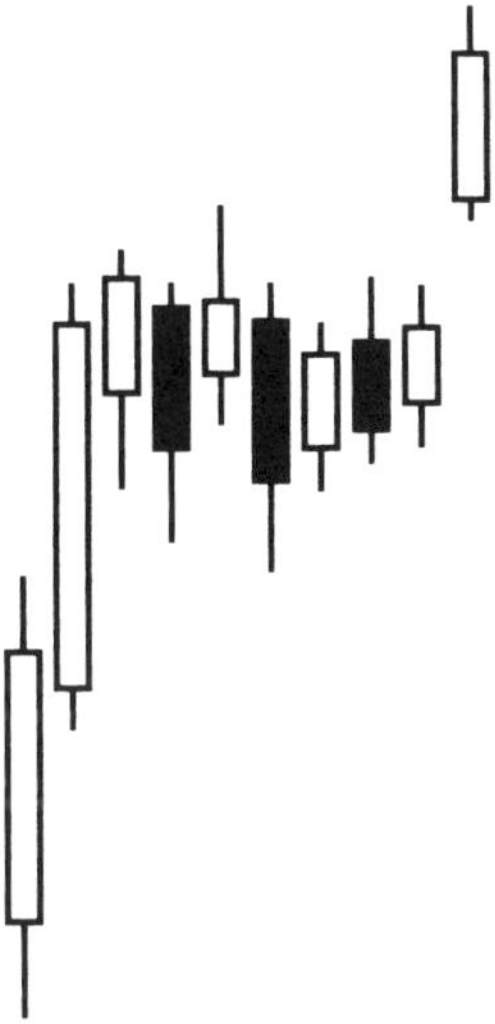

カブセを上抜く

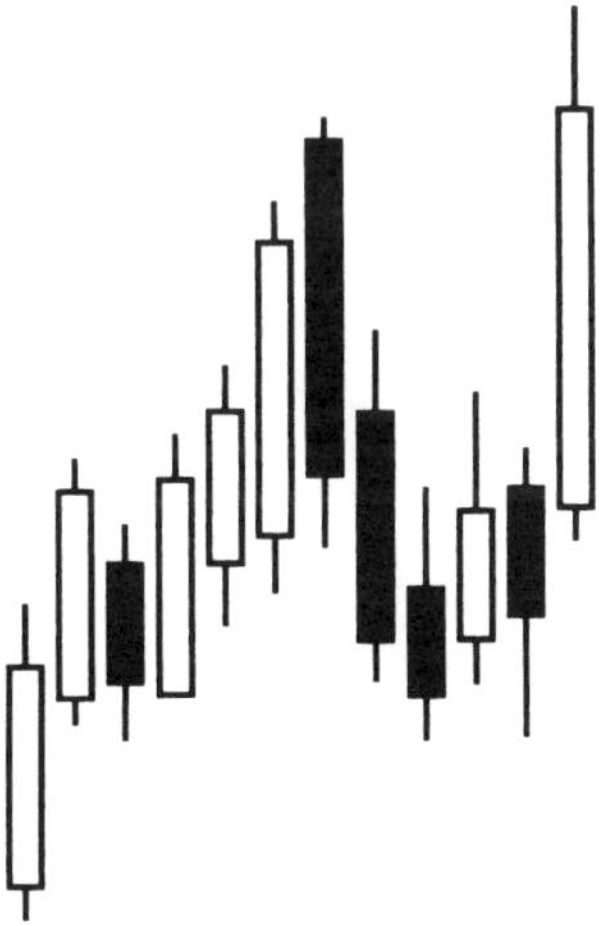

バケ線は一本と知れ

突発材料にて、大放れしたるとき、歩みにつくべし

この場合の大放れは低位株でも一〇円以上、中堅値がさ株なら二〇円―三〇円以上と考えてよかろう。恐らく寄り付きから成り行き買い殺到、前日の終値から、それだけ放れて（おおむねマドをあけて）寄り付いたときをいう。ただし、前日が分岐点―寄せ線、極線、二ツ星・三ツ星などであったときは、飛び乗りも可であるが、そうでなくて普通の連続線からの放れであるときは冷静に〝寄一〟

の作戦を活用することが肝要。寄り付きから同一方向に一〇円上値（または下値）に、いわゆる逆指しを出すことになろう。あるいは前日の値幅を出たところから仕掛ける。

昭和四十三年六月第二週のマツダの動きは正に大上放れといってよい。成り行き五、六百万株の買い物で、ようやく前場後半に入って、前日比三七円高の二四五円に寄り付いた。しかし、あと高値は二五三円までと〝寄一〟に達せず、二三九円の陰引けに終わった。前日の値幅が五円にすぎなかったから、この場合は〝寄一〟を重視する方が安全だったわけ

だ。翌日も陰線になっているが、どうやら、本稿の「上放れ陰線二本連続—最初は逆向かい、二度目はつくべし」（五十五頁参照）を応用するところだった。

下位にて陽線五本連続すれば陽転の兆し、上位にて陰線五本連続すれば陰転の兆し

下位で陽線五本

前者の〝陽線五本〟は、下げこじれ……というより、相場はなんとか上げたがっている状態であろう。なお売り方の勢力は厚いが、むしろ守りに転じ、買い方がジワジワ反撃に転じだした証左となろう。五回も有効な波状攻撃をかけられるくらいなら見込みがあるということ。売り方は次第に恐怖を感じ、総退却（踏み上げ）となる可能性も出てくる。

この図を引っくり返してみると後者になる。〝上げもだえ〟から次第に売り方の反撃が功を奏しだし、互角の勝負から六分—四分で売り方優勢へ、買い総投げになる可能性が強くなる。いずれも珍しい形だがドデンの急所。

下位の化け線

バケ線は一本と知るべし。ただし陽線多し

バケ線とは相場上伸途中の大陰線、下落途中の大陽線のことだ。

多くはデマなどで出現するから「逆向かいを可とする」とある。図のように（陽線）の場合が多く、戻り売りだ。底入れ（または天井）の決定線がなく、突然イレギュラーに出るからである。

ただし、この線が出ると、あとの下値（または上値）は小さくなるという。調子が狂うというか、気勢をそがれて、相場にヒビが入ってしまうのかもしれない。

これは実戦上しばしば見受けるケースである。

たとえば昭和四十三年六月ごろの外資上陸説によるトヨタの急騰は、どうやらバケ線だったのではないか。しかも翌日がはらみのトンボ（寄せ線）になっている。

実例【マツダ（7261）】

昭和四十三年六月はクライスラー旋風で大きくマドをあけて上放れた。その前の二一〇円中心の動きは、煮詰まっていたから、よけい爆発高になったとみられるが、しかし寄り付いて一〇円と進まず、付和雷同して飛びつくことの危険を教えている。ついで七月の高値圏ではまず大赤線を一本立て、次に陰線が三本はらんで〝上げ三法〟の形ではあったが、その翌日の陽線のコマ足は強くない。これが上寄りからこなければならなかった。次に上放れたが、そこが三〇四円の天井。いらい典型的な〝三山〟を形成、しかも〝三尊〟であった。

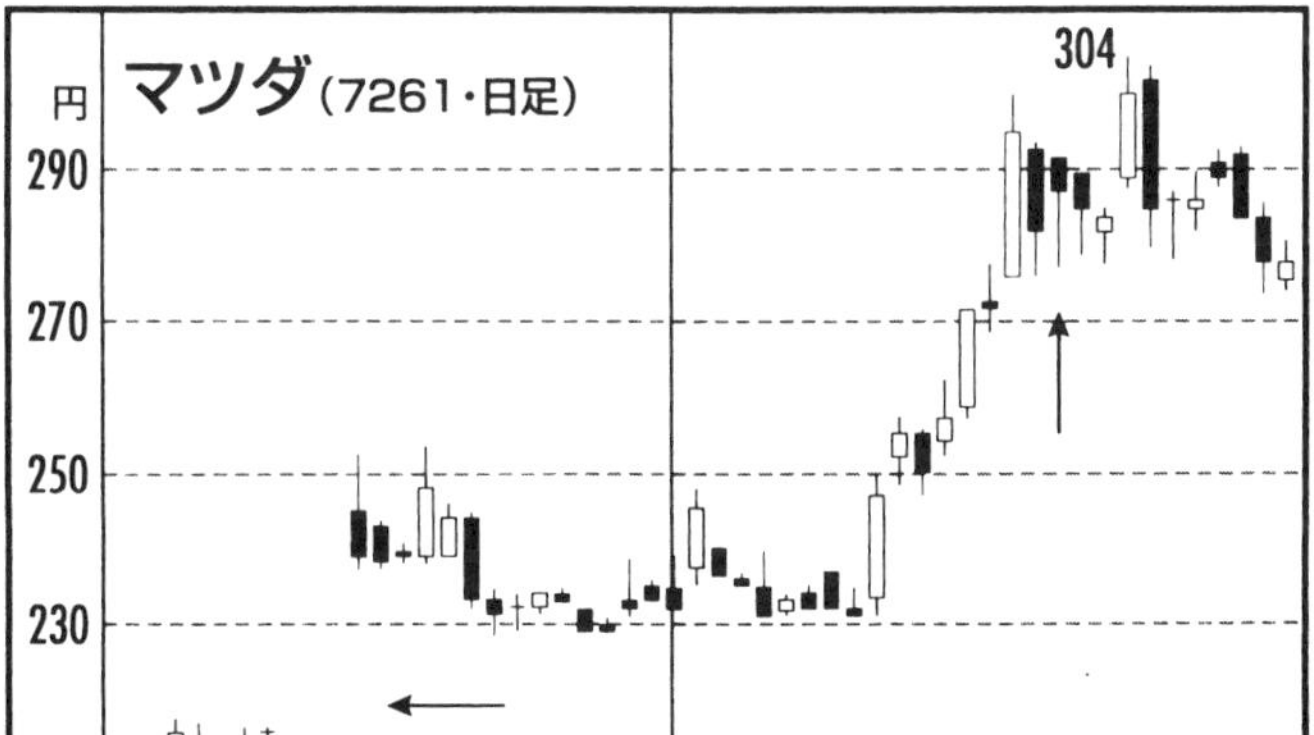

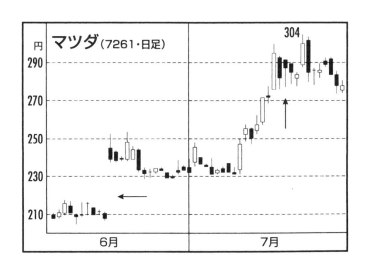

最後の抱き線は心中物

本場三本に注意を要す

半日の足に注意するのは、酒田憲法では、この項だけという。前場だけの半日足を頭に描いてみればよい。それが三日続いて陽線（寄り付きより前引けが高い）なら、仮に後場が安くて日足では陰線でも、買いを考える。反対に、半日足の陰線三本が連続すれば売りを考える。変化の兆し、ないしは暗示とみるわけだ。前項の〝下位の連続陽線、上位の連続陰線〟とも共通するものがあろう。要するに、ムズかしい相場のときでも、寝起きで元気がよいのは若さの証明。後場高（とくに大引け高）はウバ桜のお化粧相場ではないかと眉ツバの要あり。

乱線出でて、仕掛け後三、四日するとも利を見ざるときは、一時退くを可とす

乱線とは一日二〇—三〇円幅で、きのうは安値引け、きょうは高値引けという波乱相場……長い陰線、陽線の交錯するマグニチュード八のごとき状態をいう。相場が基本的な方向感覚を失ったことを意味するかもしれな

い。乱線は乱戦に通じ、強弱の仕手入り乱れてナグリ合いの混戦だから、こんなときは戦線を離脱して休むが上策。高見の見物にしかず。犬死はつまらない。

最後の抱きは天底

最後の抱き線
（上位）

普通の抱き線（ツツミ足）は、上位で長大陰線が出て前日の値幅（おおむね陽線）を包むときが天井表示。下位で長大陽線が出て、前日の値幅（おおむね陰線）を包むときが底入れ表示となるものであるが、この「最後の抱き線」は普通とは陰陽が逆に出るもの。さらに深刻。ここを買う（または売る）と相場と心中になるという意味をもつようである。

下の図のように天井形成の「最後の抱き線」—高値で陰線を出した翌日、これを長大陽線で包む。下位における〝バケ線〟や〝三手打ち〟と同様、みるからに強そうだが、これがクセ物。その翌日、下寄り（抱き線の引値に比べて）すれば、即刻成り行き売り敢行。仮に高寄りしても〝カブセ〟の陰線になること

最後の抱き線
（下位）

が多いから、それを確かめ、次の日にやはり成り行き売りである。

蛇の目ミシンは昭和五十一年十二月第二週で前週の小陰線をきれいにつつみ込んだことから、強いという声も聞かれたが、翌週は四一一円までの瞬間高値をつけたあと、勢いを盛り返せずに反落のコースをたどった。

ナイガイも同じで、五十一年九月五週に高値を更新、前週の陰線を抱き込んだあと、翌週は上放れて寄りついているが、週足はカブセ陰線となり、売り信号の正しかったことをはっきりさせている。

反対に、下位での抱きの場合は、相場が下落して陽線を出し、これを翌日の長大陰線が包むと、前の陽線はダマシ（ないしアヤ戻り）にすぎなかったようにみえるが、さにあらず。抱き線の翌日、意外に上寄りすることが多く、成り行き買いとなる。ただし下寄りすれば、なお見送りだが、売り方は方針転換の要点とされる。

押し、戻りは空まで

押し、戻りは空まで実現するを酒田線の骨子とす

〝空〟とは、いわゆるマドをあけて値が飛ぶこと。図の示例は、〝放れ三手の新値〟になっており、憲法によって一応利食いするところながら、そこからの押し目は、先にあけたマド埋め〟が限度という意味である。よく〝マド埋め〟が限度という意味である。よく莫然と押し目買い、押し目買いという。言葉としては無難だが、実はいささか無責任。実際には、どこまで押すかわからないのが大方の本音だろう。

しかし、酒田憲法は、はっきり「空まで」とし、そこに指し値して待てという。いったん相場が小天井、または中勢天井を打ったとみたら、二カ月かかっても三カ月かかっても気長に待つのである。それまでは休む。本当のチャンスなど滅多にあるものではない。短気は損気だ。要するに、大勢強気を一貫できる優良株であれば、大幅安も決してコワくない。「マド埋め完了」とみれば、すかさず成り行き買いである。そこで逆にふるえたり追撃売り?と称して底を叩くなどもってのほか、相場を知らないといわれる。

押しは空まで

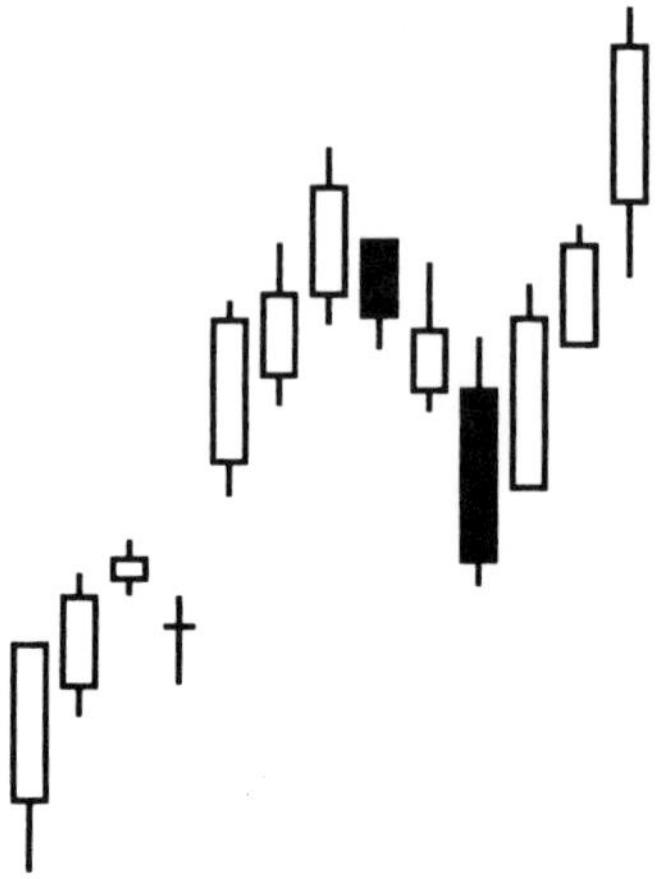

ただし、マドを埋めても、なお下げ止まらない相場であれば、もはや大勢上昇基調の相場ではない……完全にこわれた……〝古巣に戻る相場〟とみてよく、改めて弱気に転換すればよい。

大勢弱気市場のときは、この逆。下落途上の戻りに対しては、その前に下放れのマドあけがよくあるものだから、そこを埋めるところに待ち伏せて、軟派なら売り乗せる。そのマドを埋めて、なお陽線をつづける相場であれば「これは単なる戻りではない」とみてとり、いさぎよくドデン買いに転換することになろうか。

行き詰まり線、ひとまず退却

よく出る。かなり大きく上伸した相場の先端に、この線が出ると「もはや伸力尽きたり」とみて、買い玉は、ひとまず退却の要点とされる。すなわち新高値をつけた比較的長い陽線に、小陽線がはらんで、肩に乗っかる形である。陽線だから、これも強そうにみえるが〝ダマシ〟。新値を切れないのは「まだはもうなり」の証拠か。先発組が早いところ逃げているのかもしれない。

行き詰まり線

実例【リョービ（5851）】

行き詰まり線の実例をリョービで見てみよう。

平成十三年（二〇〇一年）十二月に一〇五円の歴史的な安値を打ったこの株が十四年六月に一九四円の戻り高値をつけ、その後は同十一月に一一六円安値までダメ押し一番底を形成する過程でのひとコマである。九月に高値一六〇円までの中間反騰相場があった。

この一六〇円高値をつけたのが九月十九日。これまで日足陽線が目立つ強い足取りだが、四日の安値一三〇円から数えると新値七手。「八手、十手が基本」の酒田戦法ではそろそろ微妙な段階となってくる。しかも、どうやら上ヒゲの長い波高い線である。翌日も陽線となったが、高値は前日と同値の一六〇円。下値は前日の長い上ヒゲの範囲内にある「行き詰まり線」が現れた。強いには強いが、売り方の勢力も存外強くて行きつかえた、という意味。案の定、翌々日は売り方に押し戻されて、下寄りとなった。

もっとも、ここで陰線とならなかったのはまだ意欲が残っている証拠である。下ヒゲ長くたくる陽線となって立て直し、気迷いを払い、奮い立たせて逆襲に転じたのが二十七日の陽の大引け丸坊主。いかにも威勢はいいが、もう少し下ヒゲが長いと首つり線になりかねない形勢。しかも、高値一五九円と十九日の高値一六〇円を抜けなかったのがまずかった。いかにも〝最後の灯火〟の印象を与える形である。翌日からは一転、陰線の連続となり、約二週間後には一三〇円安値まで〝いってこい〟となってしまった。

結果論だが、すべては十九日のザラバ高値一六〇円に弄(もてあそ)ばれた展開。これが戻り相場の限界ということだろうが、強そうな足に目眩(くら)まされて引かれ腰でいると元の木阿弥になる、ということの例証でもある。

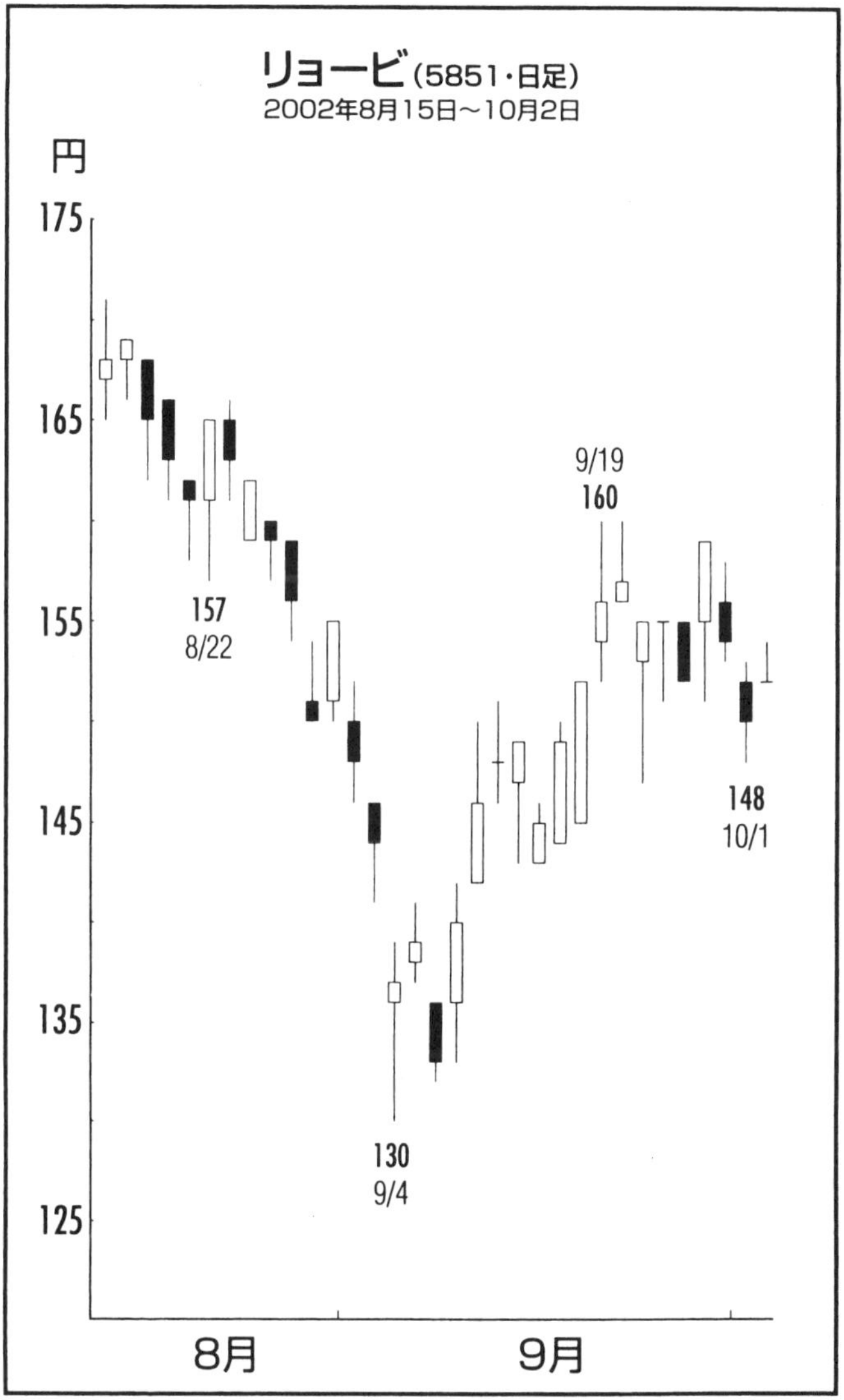
リョービ(5851・日足)
2002年8月15日～10月2日
円
175
165
155
145
135
125
157
8/22
130
9/4
9/19
160
148
10/1
8月
9月

若い新値は三手を待つ

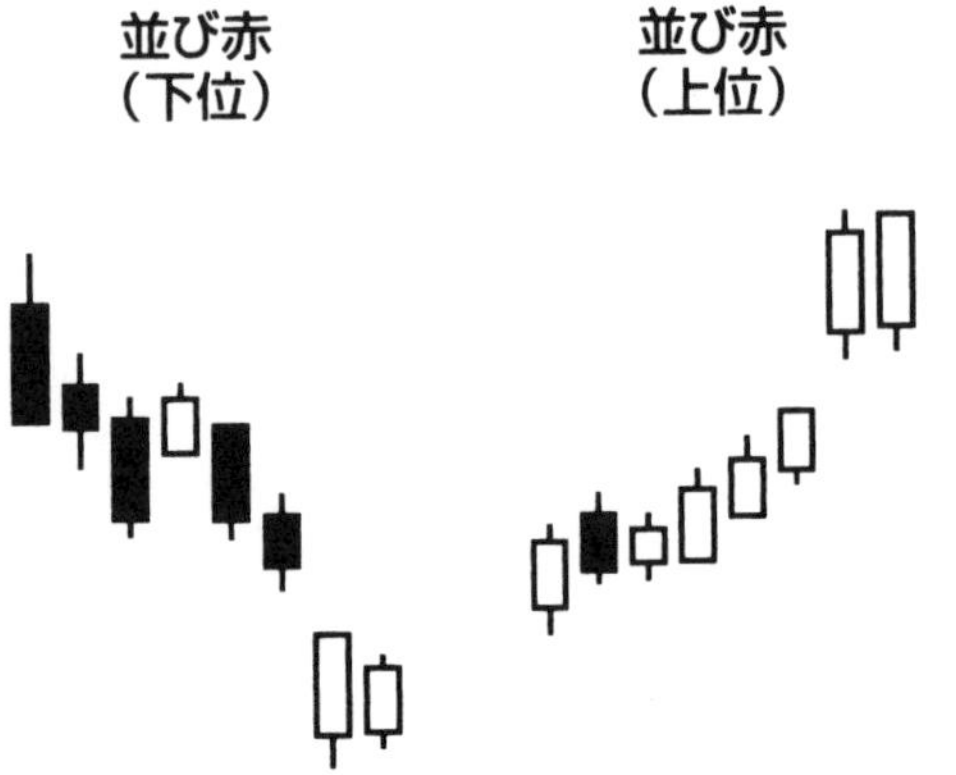

並び赤、もっとも強し

下に小さい線が連続してジリ高の動きをみせていたところから、パッと上放れて、ほぼ同等の二本の赤線（陽線）が仲よく並んだ形をいう。図の右側。その翌日、上寄りすれば大上げの前兆とされる。なるほど、いかにも駒を進めたという感じであるが、最近の相場では、ちょっと見当たらない足取りのようだ。

ところで、これがジリ安相場から下放れての「並び赤」となると、陽線にさからっての〝追撃売り〟とされる。それが図の左側。これも珍しい足で、米相場に独特のものではないかと思われる。

下放れ二本黒、暴落の兆し

前記の「下位の並び赤」よりは、この方が自然で、一見ありそうな形だ。大崩落の兆し—追撃売りの急所とされる。下落途上で、さらに下放れる。ふつうは一応ケツ入れで小反発するものだが、抵抗なく連続陰線を出すようでは、買い方総崩れ—底抜けということであろう。

下放れ二本黒

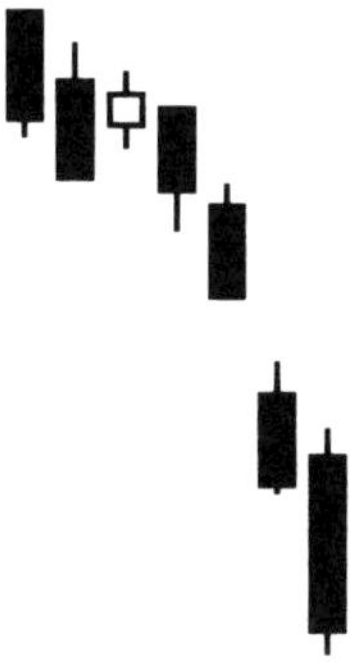

三手大黒線は買い

しかし、同じ下位の相場の連続大陰線でも、下放れから始まっていないときは、三本目の陰線で大引け買い、翌日もし陽線が出ればさらに積極的に「買い増しを可とする」となるから注意したい。タコの糸が切れたか、切れないかの違いかもしれない。糸が切れていなければ、むしろケツ入れが行なわれるところと思われる。これを逆にみれば「上位の大赤線三手は利食い」ということになる。急騰も、三手が一応の限度と心得るべきである。自律

三手待ち

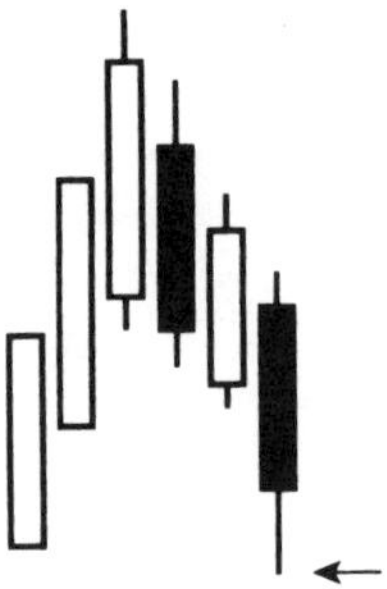

三手大黒線

的な戻り（または押し）が入る。

若くして新値出でたるとき、三手を待つべし

〝三手〟を重視する。とくに、極線が続いてナベ底を入れたとみられるや、いきなり大陽線を出し、相場の転換を高らかに表示することがある。しかし、人間でも相場でも、若いうちは、とかく保守派から頭を押えられがちである。懐疑派もいる。買い方もまだ勇ましくない。ヘッピリ腰が多いから、こういうときに飛び乗る必要はない。必ず〝三手押し〟があるものだから、そこから出動する。とにかく「あわてて飛びつかない」というのが酒田憲法の一つの要諦である。

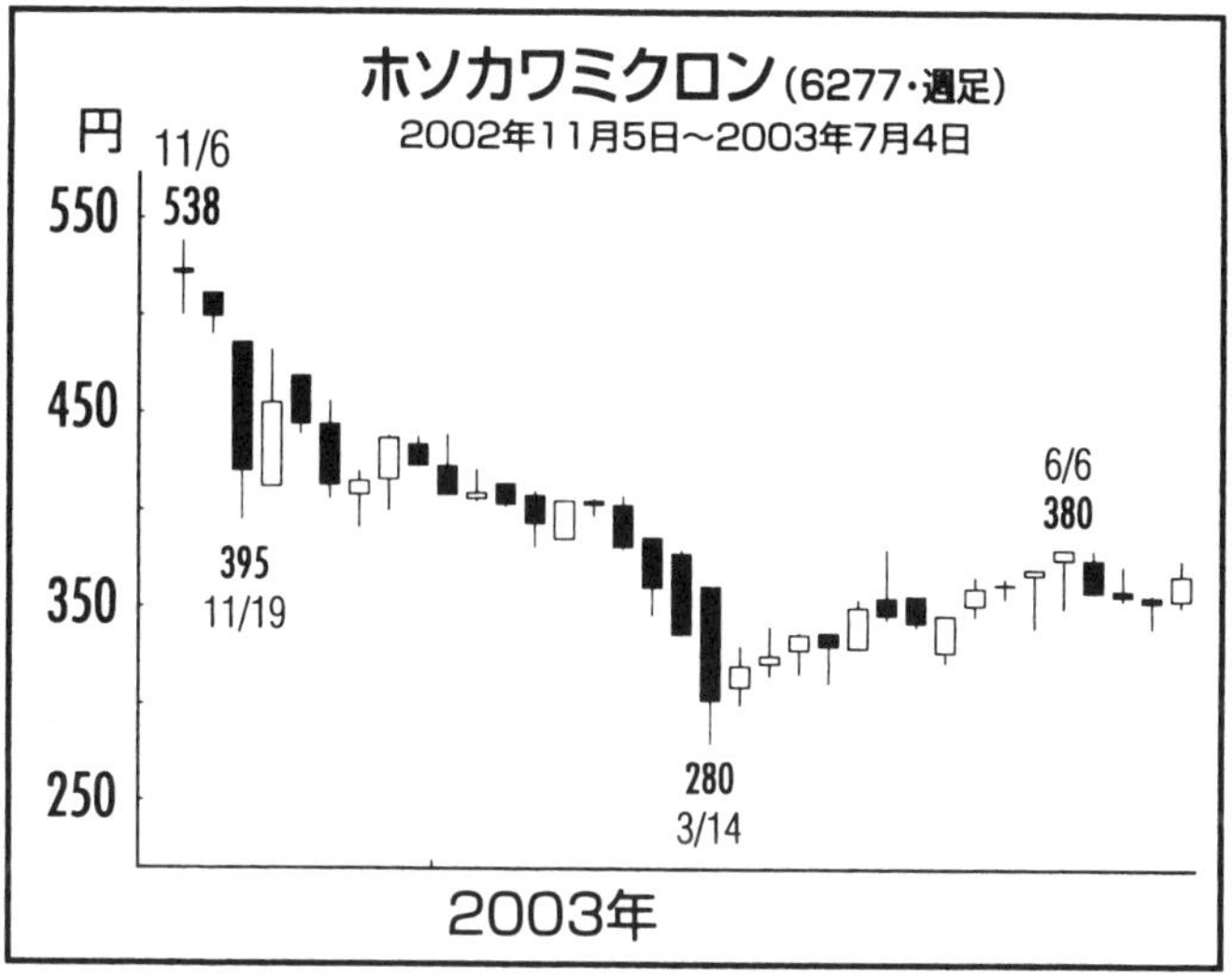

実例【ホソカワミクロン(6277)】

これは週足だが、平成十五年春の一種の恐慌相場におけるホソカワミクロンの相場である。「日本沈没」を織り込むかのような相場だっただけに、この株だけでなく何でも売られた相場で、トヨタにも大黒線が三本続いたほど。このホソカワミクロンも強烈である。

上寄りしては下げ、上寄りしては下げの連続で、陰線五手連続。最後の大陰線で下ヒゲを引いている。その翌週からの、三本の小陽線は本来なら〝下げ三法〟だが、さすがに下げに下げたか。むしろ売り方のおそるおそるのケツ入れ、あるいは新規の打診買いが始まった、と見るべきだろう。

差し込み線のいろいろ

上げ足の差し込み線は買い乗せなり

ふつう〝差し込み線〟といえば追撃売りの急所とされる。次頁図の右側の例が、その下落相場の途上に出る形で、陽線に対する逆向かいである。売り方がケツ入れしたら、あと取り組みが悪くなっていたというケースか。

しかし、左側の図は上昇相場途上のもみ場に出るもの。〝上げ足の差し込み線〟で上位に高寄りカブセの形で陰線が出た翌日、下放れて寄り付く……これはイカンと思うところだが、急反発して前日陰線内にヒキ返して陽引けという線。ひっぱたかれて、かえって弾むゴムマリのようなことになるのであろう。ふるい落としなどにかかってたまるか……という線である。

前者の例は平和不にある。昭和四十三年五月二十日に三五六円のイレギュラーな高値をつけた三日目に陽線（三二〇円台―三三一円）が出たがダメ。翌日すぐ陰線となって五日でトビ台を叩いた。

後者の例は、当時早川電機といったシャープの週足にある。同じ年の三月に一五〇円台

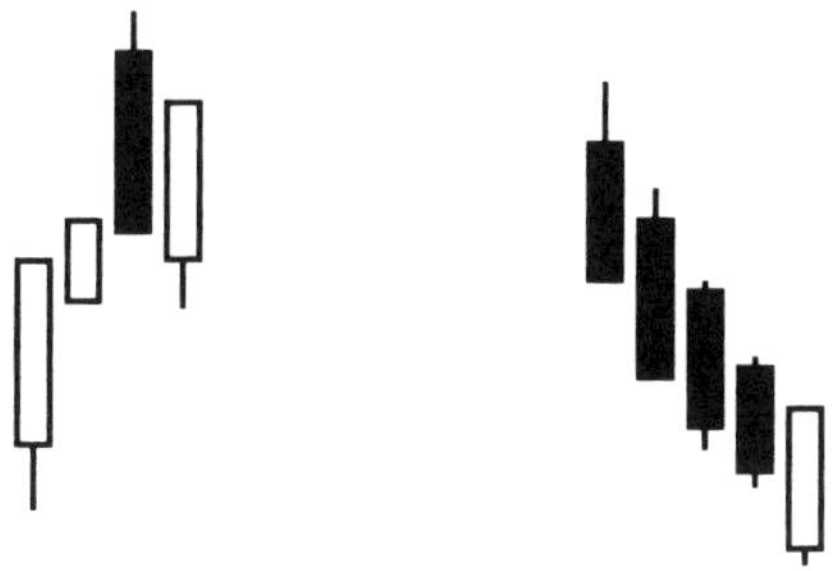

から立ち上がって陽線三本━一九〇円どころを二週間もんだ翌週、わずか二円だったが安寄りして陽線の差し込み、その翌週はおよそ三〇円幅の長大陽線を立て、さらに上放れて二六〇円台に続伸した。

二本の差し込み線はドテン買い越し

前項の「下げ足の差し込み線」が数日おいて再現したとき、こんどは追撃売りではなく、ドテン買い越しとなる。柳の下にドジョウは二匹いないということ。こんどは単なる買い戻しではなく、押し目買い勢力が強くなった場合の足であろう。ただし「新値十手は戻すこととなるべし」「一カ月くらいの上昇力と

下げ足のカブセ

二本の差し込み線

知るべし」というから中間反騰型のようである。

下げ足のカブセは売り決定線と知れ

これは一種の乱線―高値波乱の相場であるが、図に示した例は、まず高値で長大黒線の抱き線（ツツミ足）が出る。しかも寄り切り坊主だから、これだけでも天井表示、次の日カブセとなれば成り行き売りであるが、翌日は身をちぢめた形で小さいはらみ足になることがあり、さらに、これにカブセ足が出て、いよいよ売り決定線という念の入った大天井表示である。真ん中のはらみ足は、陰陽いずれでもよいとある。これほど条件のそろったパターンがなかなかピタリと出るとは思えないが、週足にでも似たような形が出たら断固活用されたい。

相場もちあいとなれば、同数の取り返しとなる、決定線出ずるまで逆向かいを可とす

上げ相場にしろ下げ相場にしろ、中段もみの場面に、よく現れる規律的な往来相場である。その値幅が、だんだん縮まってくると、いわゆる〝三角もちあい〟の形になろう。どこかで上か下に放れるわけだが、この往来相場で器用に立ち回りたいのなら、先に触れたように「値幅より日柄に注意」する。たとえば六日上げ六日下げとくれば、次回も同じ日柄とみて逆向かい。エリオットの波動論によれば三―三―三―三―三の三小波ずつの上下動による五波動を考えるところだ。

ただし、こんなところまでマメに稼ぐ必要はあるまい。「得るところ少なければ休む方が可なり」とある。

同数の取り返し

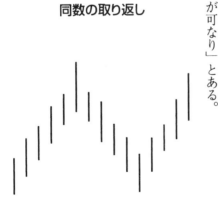

ツタイの打ち返しは天井

ツタイ線の打ち返しは成り行き売りとす

このツタイ線とは、上値から順次に下押す二本の陰線のこと。これが高寄りからくると〝押え込み〟という買い線になり、安寄りから三手になると〝三羽烏〟になるから、ちょっと区別がムズかしい。先の用語解説のツタイ線では高寄りの形を出したが、最近の相場から経験的にみる限りは、安寄りから始まる陰線二本を〝ツタイ〟。三本になれば〝三羽烏〟とした方が間違いないようだ。ただし小さい陰線が安寄りから三手（ときに四手、五手）と続いても〝三羽烏〟とはいえず、この場合は、むしろ〝ツタイ〟とみた方がよい。

要するに、〝ツタイ〟ということ自体には、決定的な意味はなく連続陰線の一種と考えてよいわけだが、上位から短い陰線なら二手までを〝ツタイ〟とし、三手なら〝三羽烏〟、小陰線なら五手までを〝ツタイ〟と考えてよいだろう。上伸途上なら逆向かい―押し目買いのチャンスであり「三十日以上も上伸した高値」に出れば、中勢天井になるもののようである。

ところが〝ツタイ線〟から「これは〝三羽烏〟になるのではないか」と思わせておいて、三本目にいきなり大赤線が出現し、一挙に新高値をつけることがある。〝打ち返し〟という。しかし、これは一種の〝バケ線〟である。

ツタイの打ち返し

強気筋は、この強力陽線をみて「シテやったり」とばかりに成り行き買い乗せと意気込むところだろうが、これが実は〝天井確認線〟になる。

買い方仕手筋が無理をした不自然な形なのであろう。次の日、ムードに逆らって成り行き売りを敢行する急所とされる。

よく「ケイ線は作られる」という。あるいは過去の〝投信相場〟が、そうであったかもしれない。しかし、ムリは無理としてちゃんとケイ線の上に現れるものだ。無理をすればするほど、あとのトガメは大きい。「無理が通って道理が引っ込む」というものではない。

ただし、酒田憲法では、成り行き売りといっても、次の日の安値寄り付きをみてから仕掛ける。あくまで慎重であり、仮に〝作られた相場〟が出ても、あえて積極的には逆らわず、冷ややかに眺めるのである。

この〝打ち返し〟に準ずる例としては、東亜燃料の四十三年四月中旬の日足を指摘することができる。はじめて一八〇円台に出たところから、二本ではなく四本の小陰線であったが、五手目では打ち返して新高値の大赤線……しかし翌日は陰線、七日間の続落となった。底から立ち上がって実質十日程度の上げ相場に出た打ち返しであったから、ムキになって売るほどではなかったが、もっと大きく上げたとき出現すれば、モノをいう形である。

三手放れ寄せ線

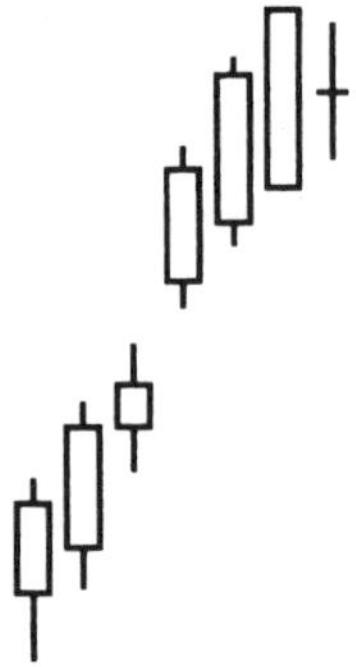

三手放れ寄せ線、翌日安寄りは大暴落の始め

「放れて順次進めば三本目にて仕掛玉ひとまず利食い」という。

例図の場合は〝はらみ寄せ線〟だから、これだけでも警戒だが、しかも、この三手前にマドをあけて放れているのでは、ますます良くない。相場のエネルギーの急激な発散による極限状況を現し「放れ三手の新値は利食い」よりも、もっとキビしい線。次の日、安寄りすれば目をつぶってドテン売り！　になる。「万人強気」で熱くなった大相場のときこそ、このパターンが、いつ現れるか注意されたい。売りを得意とする向きには、千載一遇の好機となるはず。

実際には例図のような見事な形はなかなかお目にかかれない。一応、平成十四年秋のディスコの日足に参考になるものがあるので見ておきたい。十二月三日高値の寄せ線がはらみの形なら例図通りとなったろう。

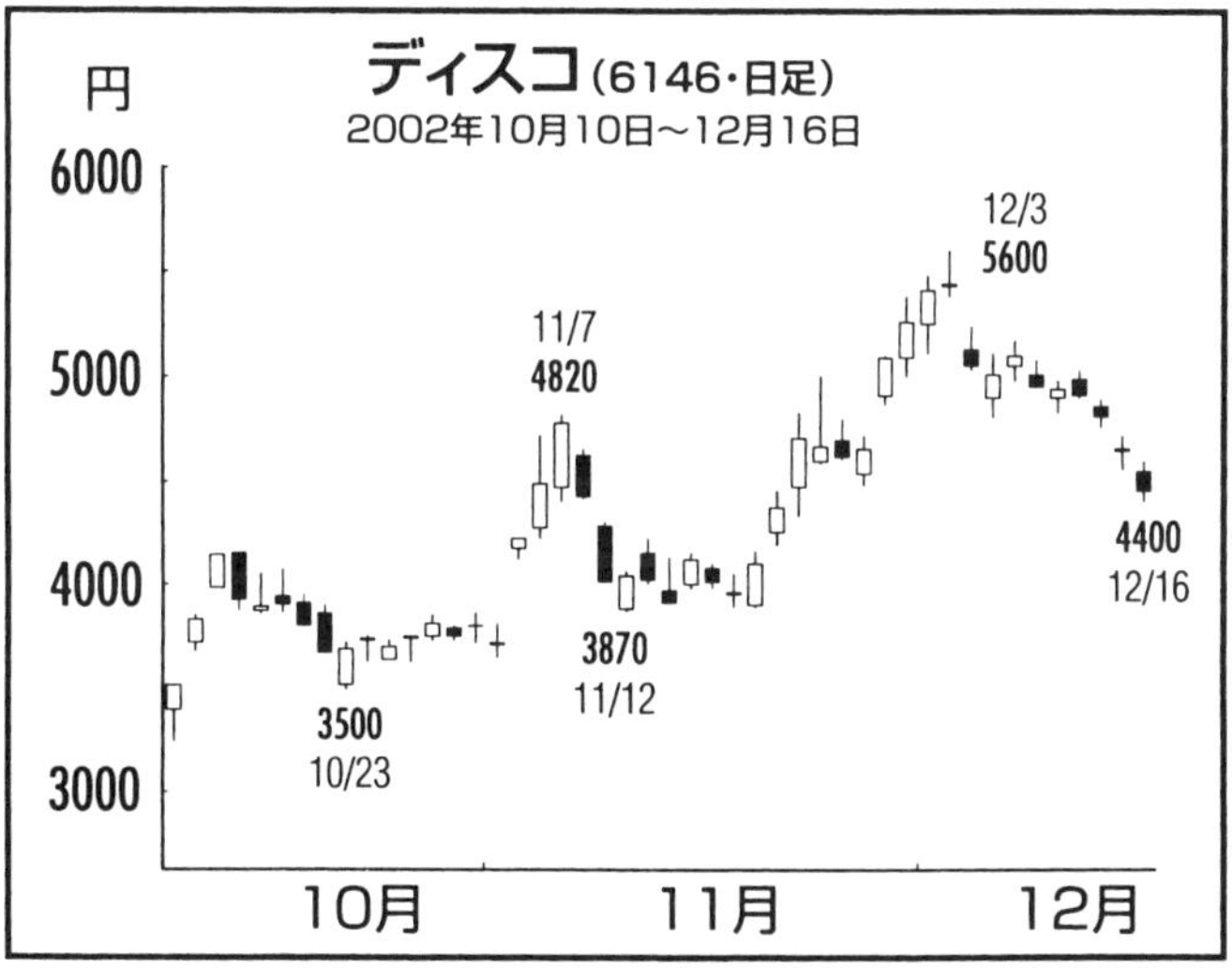

叩き込んでの底入れ型

連続下げ三手放れ三ツ星

用語編にあった〝二ツ星、三ツ星〟の応用問題の一種。基本的には「下落途上の二ツ星、三ツ星は、次の下放れが追撃売りの急所」になるが、図のように連続下げ相場の下位に、まず放れて三本の短線（陰線）が固まって出現すれば底入れの前兆と考えられ、さらに四手目に寄せ線が出て煮詰まり、五手目大赤線を立てることによって〝大底入れ〟確認となる。ここで〝本場寄一〟を活用し、五手目の赤線が寄り付いて一〇円高に進んだところから買い出動すべしと教えている。

連続下げ三手放れ三ツ星

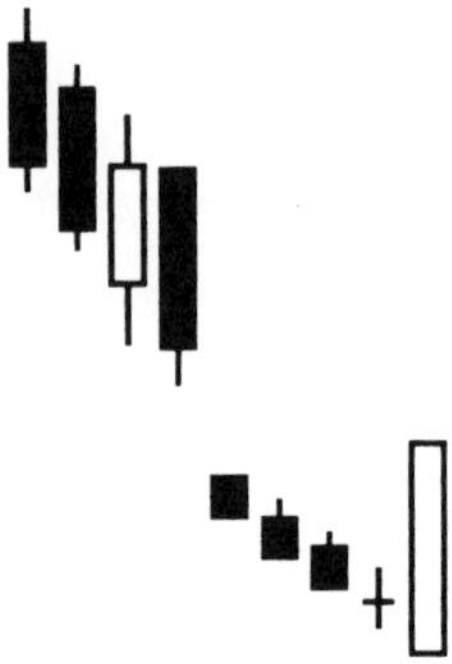

　この大赤線は、前述したバケ線に似ているようでもあるが、その前のパターンがまったく異なることは、相場の性格の本質的な違い

を物語るものとして注目の要がある。これは、いわば買い方が退いて背水の陣を固めた形だが、もっとも、こうした放れの極線は「閑散に売りなし」というとき、あるいは市場性の薄い株の底入れに現れるケースが多いのではないかと思われる。

例を採ると、昭和四十二年に不人気だった建設株が底入れするときに、似た形が現れているようだ。

放れ五手黒一本底

これも底入れの形だ。図の例のように、やはり下落相場から、さらに放れた陰線ではじまるが、前項のように短線ではなく、しかも

放れ五手黒一本底

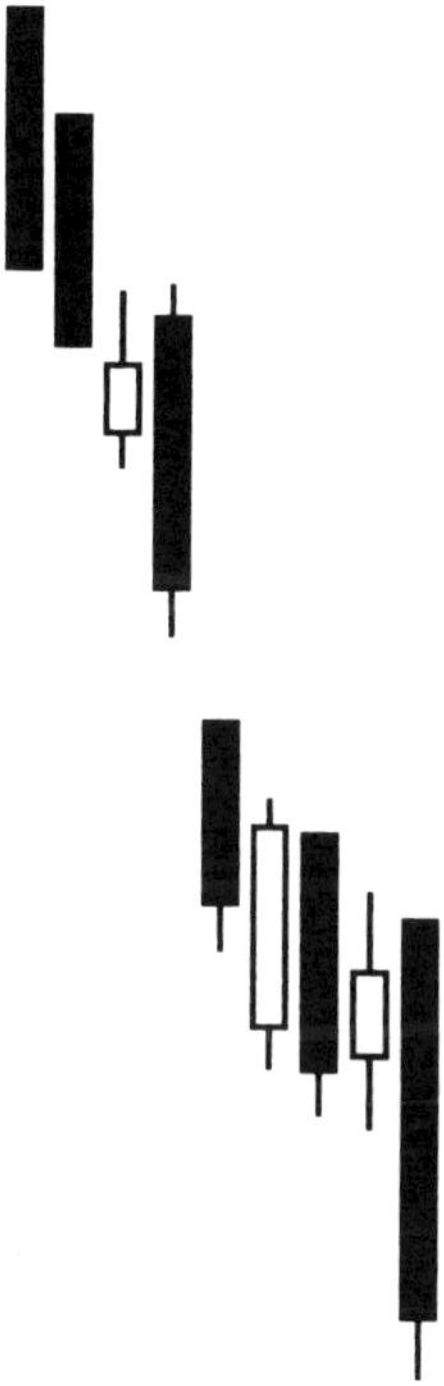

放れて二手目からは陰陽が交互に出てもよい。もみ合いながら下値を切り下げる形。五手目に大黒線を出して、だいたい「下値は届いた」とみられる。恐怖心にかられた買い方が投げ切るわけだ。なお翌日、安寄りすれば売り玉は退却—手じまいし、利を収めて休戦、もし上寄りすれば、ドテン買い越しに転ずるところ。〝本場寄一〟を活用することは前項と同じ。

逆襲線

逆襲線はひとまず退却

いきなり大きく下放れて寄り付き、急反発して出現した奇型的な大赤線。長いアテ首線である。続落相場で窮地に追い込まれた買い方が、最後の勇をふるっての特攻的反撃の形であろう。カミカゼはこわいから、売り方も、ひとまず退陣して様子をみる。買い方に、いつの間にか強力な援軍が現れているかもしれないし、追撃売りを重ねた結果、自軍の補給路も伸び切っているかもしれないからである。しかし、必ずしも大底入れの決定線ではないようだ。ただ、この下放れ寄り付きが材料によるものなら「大底近い場合の悪材料は買い」の定石が、ここに生きる。

実例【富士通（6702）】

昭和四十三年八—十月の富士通の日足をみると、一般的な成長株人気と仕手株人気とが適当にミックスしている相場だけに、ケイ線として模範的な形が、いろいろと出ている。八月の押し目は、小さい〝陽の陰はらみ〟ではじまり〝下放れ二本黒〟で押し目底を入れている。これは本来は暴落足のはずで、ケイ線破りか、ともみえるが、よくみると〝抱き線〟になっている。しかし陽線一本を立てただけで気迷い、ダメ押しとなった。いわば上げ底にして高値整理を行なったものとみられる。ついで九月は四〇〇円相場に飛びだしたところで〝行き詰まり線〟に準ずる形が出て、どうやら〝上値遊び〟……。その末尾の部分が、真ん中の陽線についで陰線三本が、ほとんどはらんでいるのは〝上げ三法〟に似た形であった。

そこで一本の大赤線を立てたが、次に気迷いのコマが出たのは、天井近いことの暗示だったともいえよう。次の陽線は下影がもっと長ければ〝首つり〟になるところだった。ついで〝寄せ線〟から二手の〝押え込み〟だが、次の小赤線で一天井となる。そのあと二手目が〝最後の抱き線〟とみられる形で、さらに〝タスキ線〟から〝下げ三法〟に似た足三本の小陽線（ヒゲを無視してみると、実体が前の陰線にはらんで煮詰まる形）を出して下放れた。しかし、四一〇円台から〝下位における陽の抱き線〟が出て転換暗示。この一群の足は〝放れ五手黒一本底〟の変形ともとれる。

ついで陽線二本から〝陽の陽はらみ〟になって一休みしたが、戻り新値の段階では〝三手押し〟でよかった。もう一つ伸びて、また一服すると、マドをあけた〝寄り切り線〟……一気に新高値に飛びだした。

なにしろ、この株は一月の安値が一〇四円だった。投信、外人買いもからんで、高値に進むほど腕力的になった節もあるが、株価が三倍～四倍以上になってくると、さすがに買い方もヘッピリ腰で回転が早くなったようである。

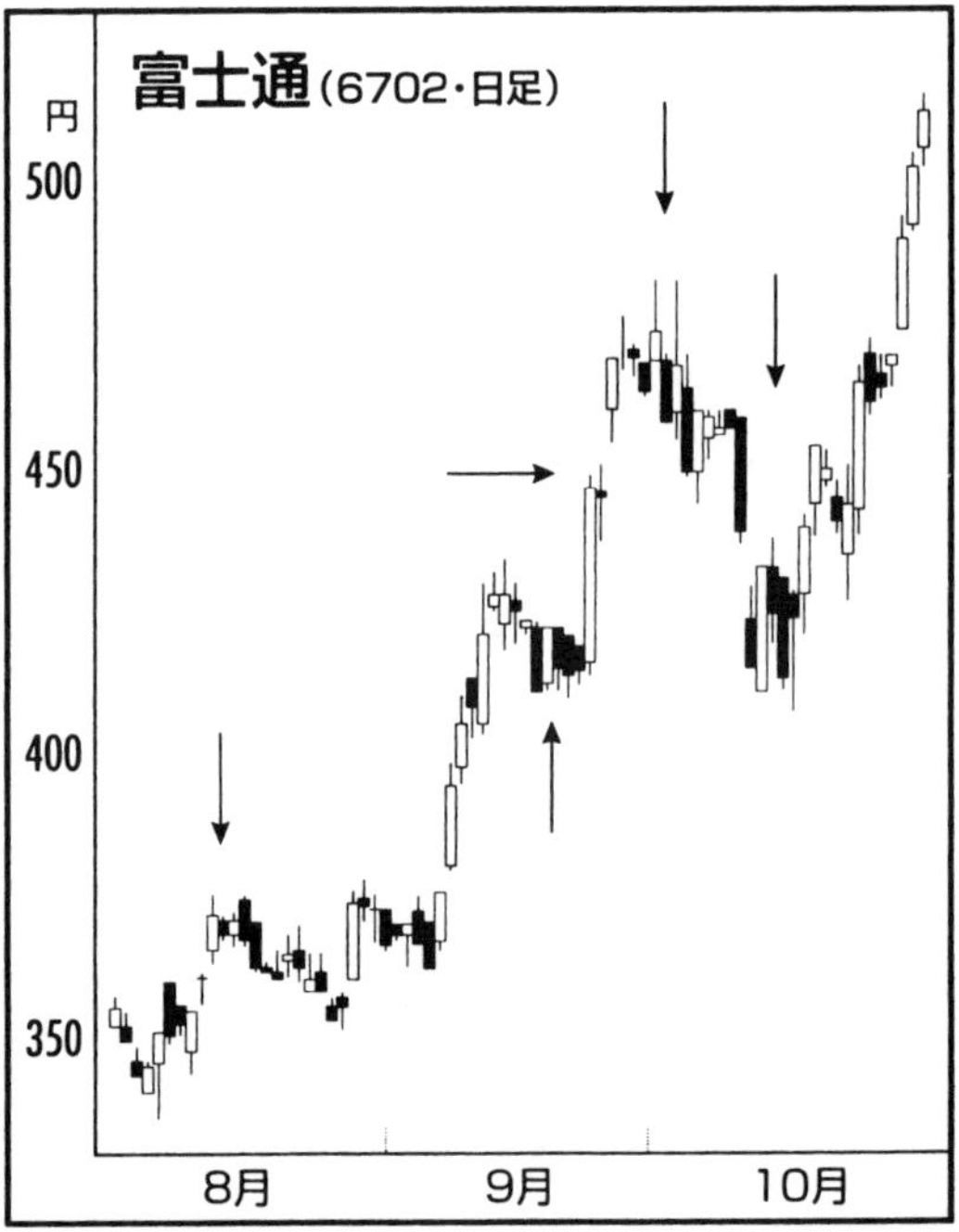

〝上げ三法〟で相場清新

上げ三法は〝はらみ〟の陰線

「三法」とは〝売り、買い、休み〟の意であり、天底の決定線表示がない限り仕掛けないのが酒田憲法だが、これは相場そのものの一時的な〝休み〟のパターンを把握するものである。すなわち、図の右例は、相場上位の大赤線から、陰線三本が連続するのであるから、先にも述べたごとく〝三羽烏〟—天井打ちの暴落か—とみられるところだが、しかし、先の大赤線の安値を、三本目の陰線も下回らなければ……つまり大赤線に陰線三本がはらみの形となれば、これは〝三羽烏〟ではないという微妙な足である。天井打ちではなく、アヤ押しにすぎないのである。この区別は重要であり、早まった判断は命とりになる。

これは「仕手の気により生ずる興味ある現象なり」とされ、相場は一休養して「清新される」という。次の日、上寄り陽線となるのを確かめて〝買い増し〟である。

たとえば、週足の例であるが、マツダが昭和四十三年六月に二一〇円から高値二五〇円台に至る大赤線を立てた翌週から、三本の小陰線がはらんだ（大赤線の実体内に）。クラ

下げ三法

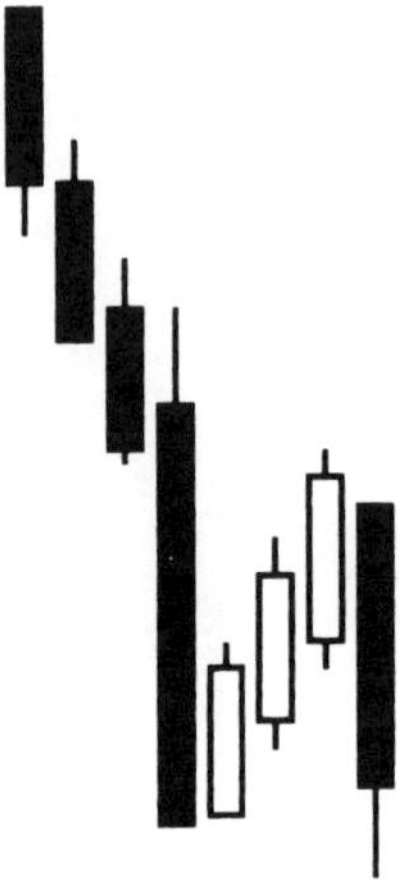

上げ三法

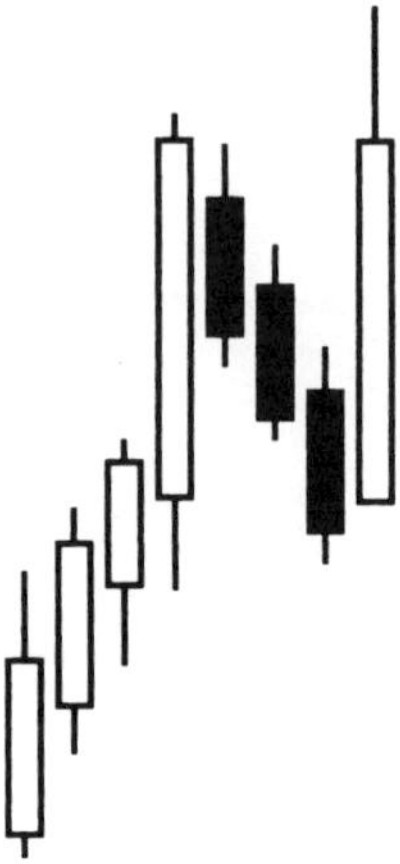

イスラー旋風が吹いたときで、これは正に上伸途上の、ちょっとした足ならしにすぎなかった形。四週目から、再び三〇円幅の大赤線を立てて新高値に飛びだした。

下げ三法は〝はらみ〟の陽線

前項の逆。図に示すように下落途上に長大陰線が出て、いよいよ投げ切ったか―と思わせて、翌日からは陽線三本が連続するが、ここに底入れの決定線という形は示されていない。アヤ戻りである。三手をもってしても、先の大黒線を抜けずはらみで終わるのは、この戻りがマバラ売り方のケツ入れにすぎなかったわけであろう。次の日安寄り陰線となるのをみて追撃売り乗せの好機。

櫓（ヤグラ）

これは大陰線のあと、順次底入れとなる形。下値を切り下げ、次に下値を切り上げ、気をもってきたところに、タイミングよく好材料が出て、いきなり大陽線を出すわけであろう。

ヤグラ

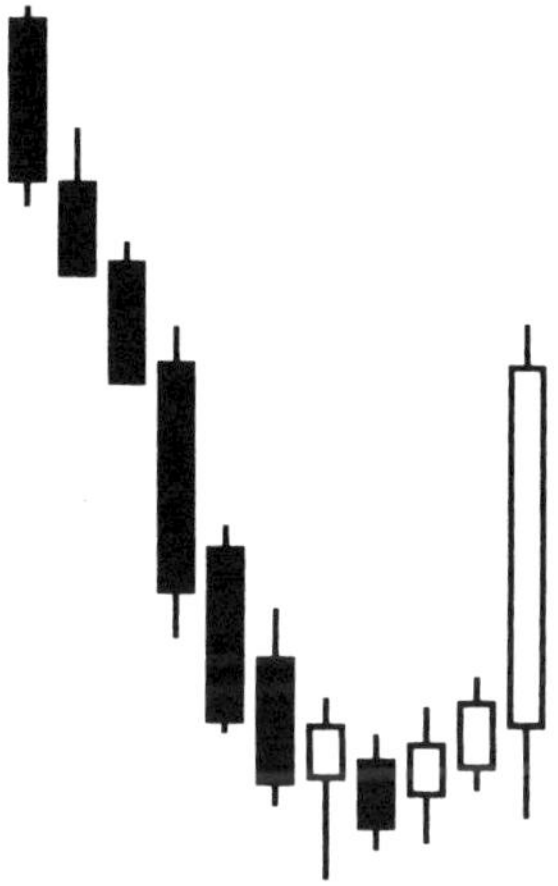

両端に二本の柱を立てる形がヤグラ。上部に出れば天井となる。

昭和五十一年のタクマに例をとると、四〇〇円を割り込んで十一月に三二〇円まで突っ込んだが、その後二週間のもみを経て急伸、その前四週間の週足を一挙につつんでいる。

上ヒゲまで入れると実に六手をつつんでいる格好で、これをきっかけに人気を盛り上げている。

「およそ一カ月は上伸するものなり」というのがヤグラだが、このときは六週目にヤグラの頂点を抜き、中三週置いて本格上昇につながっている。

鍋底

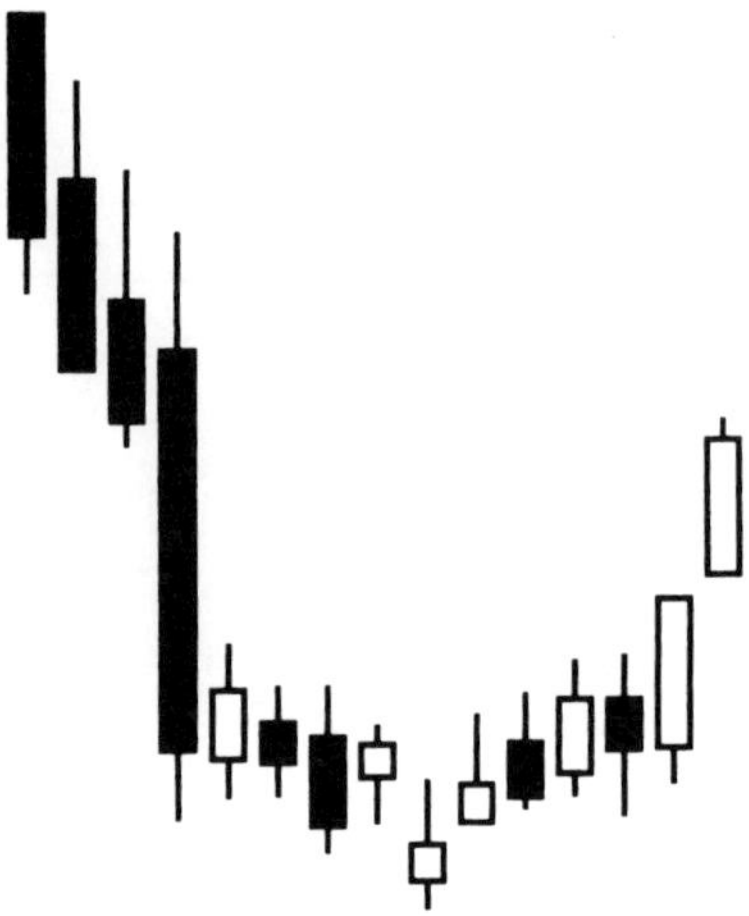

鍋底

相場が長く低迷すると、いつの間にか、この形になることは周知のとおり。悪材料にも免疫性になっているものだ。V字型のドラマチックな底入れだけが大底ではない。アメリカでは〝ソーサー・ボトム〟という。フライパン型である。

ただし、底値圏で何度も往来相場を繰り返すこともあるから、下値を切り上げだして相当の期間経ってから、上放れて寄り付いたときをもって〝底入れ確認〟とするのが酒田憲法である。底値もみの期間は、およそ一カ月から三カ月を要するものとする。

団子天井

鍋底の反対型で、波乱もなくおだやかに天井を描く。高値もみのようにみえるから、これは中段もみ—もう一度上放れる?と思っていると、逆に下放れて天井確認となってしまう。カブセか下放れを注意すべしとある。

団子天井

昭和四十三年の資生堂の週足は、五月の高値八二七円を長い上ヒゲとする長大陰線で終わっており、翌週がはらみ—「上位における〝陰の陽はらみ〟」というべき珍しい形になっており、これだけでも天井くさいが、なお高値波乱を描きながら、大局的にみると、この団子天井型になっている。次第に煮詰まって、九週目で下放れた。

捨て子線は大暴落の兆し

放れ同時線（寄せ線）の別称。めったに出る足ではないようだが、名称からして面白い

捨て子線（1）

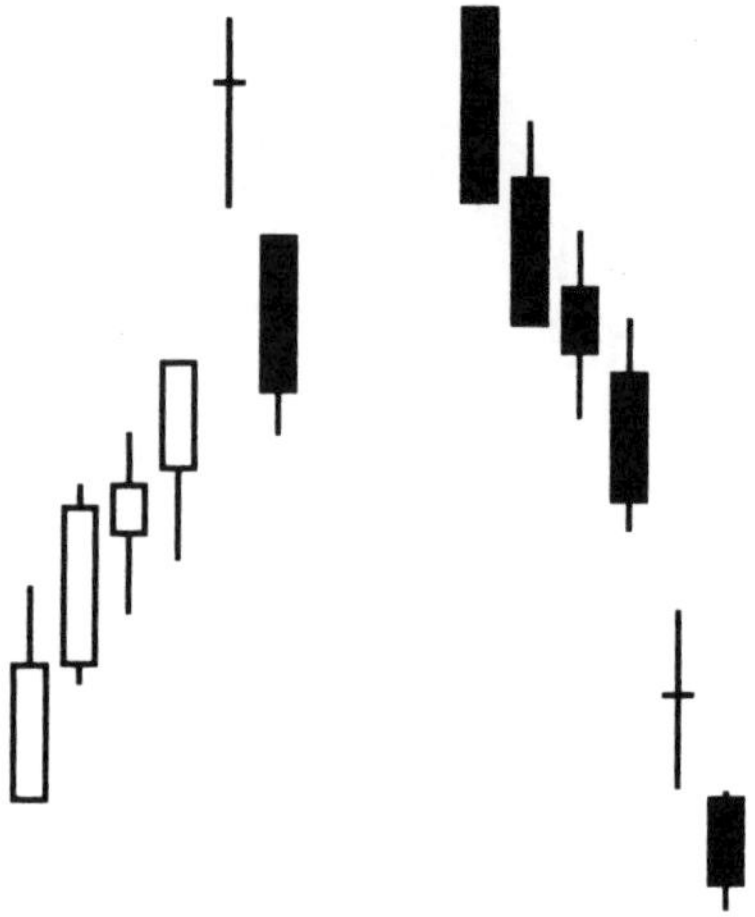

捨て子線（2）

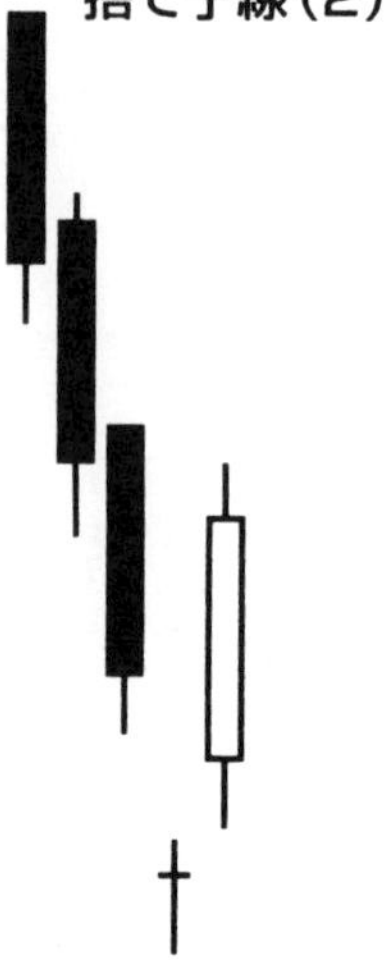

ので記憶されたい。

まず、相場が相当に上伸して、さらに勢いよく放れるが、十文字の寄せ線に終わる。図の（1）左の例が〝上放れ同事線〟。これだけでも〝変化の要点〟だが、いわばエネルギーが燃えつきた形とみられ、最後にパッと光るロウソクの火のようなものだ。次に下放れて陰線となれば、先の十文字線は捨て子である。

同じく（1）の右が〝下放れ同事線〟。〝三空〟なら陰の極だが、その真ん中が寄せ線の捨て子になると、追撃売りの急所とされる。

なお、前者の〝上放れ捨子〟が、全く逆立ちした形で下落相場の下位に出たとき（2）は「大底入れ」とする見方もある。

目先、変化底の二種

小幅上放れ黒線

ごく目先の妙味ある足とされている。安い水準で短線を続ける小幅往来相場から、小さくマドをあけて上放れ、陰引けになるが、相場が一応は休眠から覚めた格好で「以後六日間は上伸すべし」という。ただし、小すくいの相場であり、むしろ売り方の手じまい場と考えた方がよいのではないか。

もっとも上ヒゲが、実体に比べて、やや長いのは、あまり強い感じもなく、底入れの決定線とはいえない。

小幅上放れ黒線

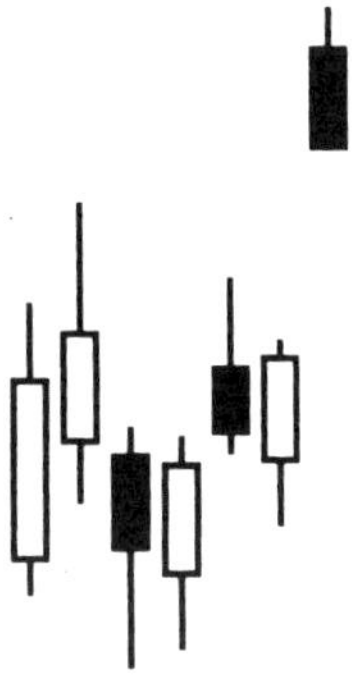

放れ七手の変化底

続落の相場から、さらに大きく下放れ、売り方が安心してぼつぼつケツ入れし、利食いしている形であろう。しかし、ケツ入れ一巡とともに、いきなり高値寄り付きして陽線で引ける。「とにかく目先底入れ」という〝変化底〟である。〝大底〟かどうか、その後の動きを待たなければならないが、少なくても〝空〟（マド）を埋めるまでの戻りは間違いない足であろう。買い方としても〝三分の一戻り〟を一応のメドにするところと思われる。

放れ七手の変化底

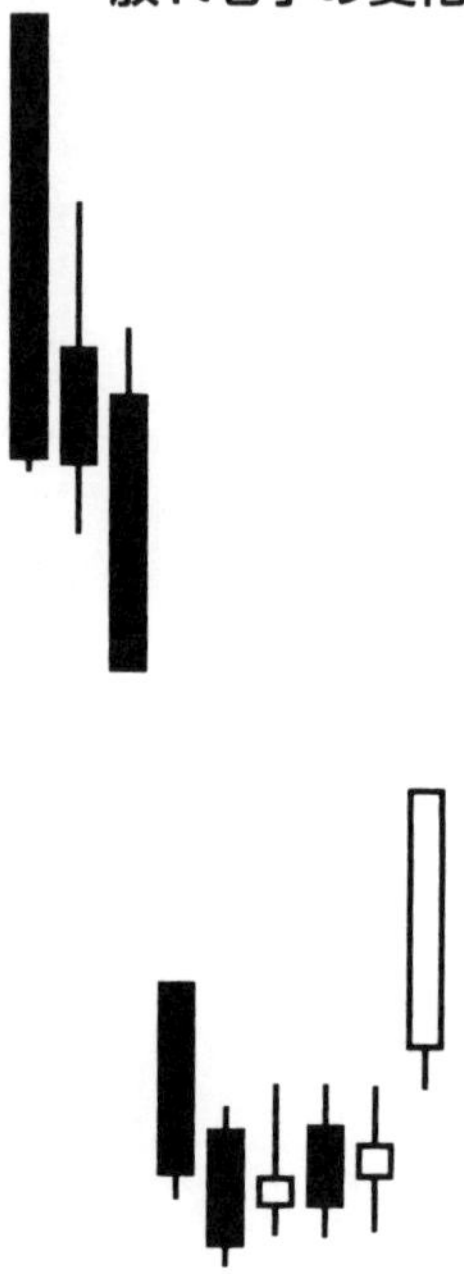

買い転換と買い乗せの要項

【買い転換要項】

三川　底値に三度突っ込んで大底入れ。ただし陽線で上分岐することが買い出動の条件。上放れなら成り行き買い。連続線なら前日値幅を出たところから買い。三兵（立ち上がり陽線三本）なら大相場の前兆。ともに少なくとも六カ月は上伸可能とされる。

三空　下落して陰線四本が飛んで下放れ（または複合型にも注目）なら、売り手じまい。陽線出れば買い。三カ月以上の上伸相場開始となる。

寄り切り線　安値圏で寄り付き安値の陽線が出ればドテン買い。一カ月以上は高い（ただし、その後、この寄り切り線を下回る安値が出れば暴落となるから注意）。

たくり底入れ　実体小さく下ヒゲ長いカラカサの陰線。陰転後一カ月くらいの中勢変化。

やぐら底　底から立ち上がって前日の値幅を出た陽線で買い転換。

新値八手、十手　陰線の新安値八手目で売り玉は半数買い戻し、十手で残りもケツ入れ。

二本の差し込み線　二本目の差し込み線でドテン買い転換。一カ月くらいの中勢変化。

相場下位の連続陽線五本　連続下げの先端で陽線五本連続は陽変。同じく中勢変化。

三手大黒線　買い方総投げから一カ月以上の戻りとなる。

下位の抱き線　前日陰線を包む大赤線がでれば即刻ドテン買い。陽線が出て、また、大黒線で包んだとき（最後の抱き）は、翌日の上寄りから買い。

勢力線　一カ月以上の下落相場で下放れ、実体は小さく下ヒゲの長い陽線が出れば目先買い転換（若い下げ相場では売り乗せ）。

連続下げ放れ三ツ星　中勢的な底入れ。

逆襲線　売り玉退却。休戦のこと。

放れ五手黒一本底　五手で売り玉ケツ入れ、次の陽線はドテン買い。中勢変化。

放れ七手の変化底　目先の変化、売り玉利入れが良し。

鍋底　一～三カ月は上伸する。

【買い乗せ要項】

上伸途上の二ツ星・三ツ星　次の上放れを活用。

同じく極線、寄せ線　次の上放れにつく。

上伸途上のはらみ線　上分岐してから買い。

押え込み線　上放れの前提として要注意。

上値遊び　大相場の前兆。

カブセ線を上抜けば逆転　ただし大引け

線による。

上伸途上の差し込み線　上進途上なれば買い乗せに活用。

上げ三法　高値で三本の陰線がはらむのは相場の休養。押し目買いのチャンスとなる。

マド埋め　空を生じて急伸した相場は、その埋めを待って買い増し。

上放れ並び赤　大躍進の前兆、突貫買い。

上伸途上の連続タスキ、上放れタスキ　大相場の兆し。逆向かい買い。

（注＝底入れから天井までの相場には途中三回のアヤがあるとする。そこが買い増し場だが、要するに七波動説のようだ）

【大引け線の活用】

なお、日足（または週足）を自分で引くのは、主力人気株―仕手株の数銘柄に限ってもよい。それによって相場の大勢を判断し、その他の狙う株については簡便な大引け線を活用して、十中八、九は的中するという。

図のとおり、買いの場合は、まず、下落相場からａと戻しｂとダメ押しを入れ、ふたたびａを上抜けば、買い方針を決定する。

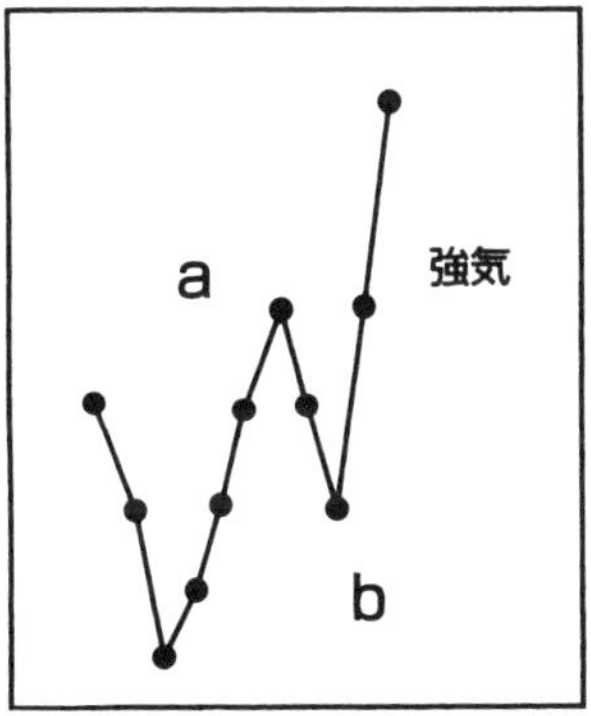

売り転換と売り乗せの要項

【売り転換要項】

三山　二度、三度と新高値挑戦に失敗すれば大天井。とくに二つ目の山が突起した形は三尊形成の暴落足。三つ目の山でカブセまたは寄せ線が出れば敢然と売り出動。少なくとも六カ月は下落をつづける。

三空　陽線四本が、それぞれ三つのマドをあけて急伸すれば、四本目の大引け利食い。次のカブセまたは寄せ線でドテン売り越し(複合型にも注意)。

上位における寄り切り線　相場高騰するも、寄り付き高値の長い陰線が出れば中勢天井。とくに三山または三空の最後に出れば大天井となる。

連続大赤線　おおむね三手または五手が標準。カブセまたは寄せ線が出れば中勢天井。売り。

新値八手、十手　新高値八手で買い玉は半数退陣。十手で全部利食い売り。

波高き線は警戒　ヒゲの値幅は大きいが実体は短い線。天井の兆しとして買い玉利食い。ただし次にはらみ足となれば、その翌日の分岐した方向につく。

ツタイ線　売り決定線なれば注意。

ツタイの打ち返し　高値から陰線二本で下押すツタイ線は目先の小天井になることが少なくないが、これを打ち返す大赤線が出れば本物の天井。逆向かい突貫売り。

マド埋め　空を生じて急落した相場の戻りはマド埋めまで。

上位の抱き線　上位における長大陽線のツツミ足は天井。上位の陰線を包む長大陽線は〝最後の抱き線〟として逆向かい売り。

三羽烏　これも暴落の前兆となること多く、さらに、この打ち返しあれば突貫売り。

はらみ線　上位における〝陽のはらみ〟は買い玉利食い。次にカブセまたは寄せ線出ればドテン売り。とくに〝はらみ寄せ〟は成り行き売り。〝陽の陰はらみ〟は次の分岐につく。

団子天井　次のカブセまたは下放れに注意。

上放れ陰線二本連続　この型の二回目から売り転換。

放れ三手　利食い売り。

首つり線　買い玉退却の要点。

行き詰まり線　首つり線に同じ。

上放れ同事線　次に、また下放れると、先の同事線は捨て子。売り決定線。とくに上放れて三手のちの寄せ線は大暴落の兆し。突貫売り。

【売り乗せ要項】

下放れ二本黒　大暴落へ。

三手打ち　下落途上で、三本の陰線を一挙に包む大赤線は逆向かい戻り売り。

下げ足のカブセ　下落途上に戻してカブセ出れば戻り一巡で追撃の要所。

下値遊び　下落途中のモミ場。次の下放れで大崩落。

入り首、アテ線　戻り売り。

タスキ線　下落途上の陰線に対する陽線は逆向かい追撃。連続タスキ、下放れタスキもあり。前者は下落途中に出れば大暴落も、後者は追撃の要所として活用。

下げ三法　長大陰線に陽線三本はらむ戻りは再崩落の前提。

下放れ同事線　追撃の急所として活用。

二ツ星・三ツ星　下落途上の変化点、すべて下放れれば追撃の要所。

バケ線　この線でたる時は三手を待ちて売り増しのこと。

【大引け線の活用】

図のごとく、aまで下げbと戻して、aを下抜いたところで売り方針決定。

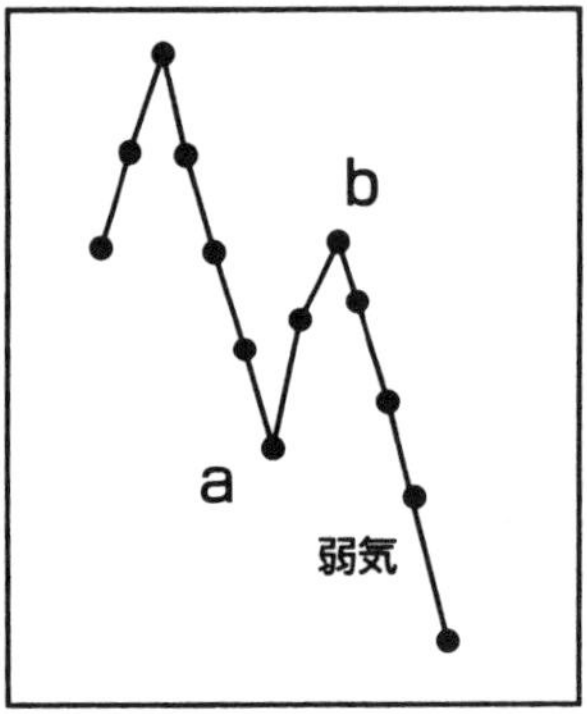

第三章　実践編

武田薬品工業（4502）

昭和四十三年二―三月にかけて、一三〇―一四〇円どころで極線が続いたが、同年三月第四週に、陰線を抱く大赤線で転換し、五月は二〇〇円相場に達したものの、そこでカラカサを逆にしたような上影長の陽の極線が出て行きつかえ、二カ月にわたる中段のもみ場に入った。

しかし同年六月第一週の寄せ線は攻防の分岐点、目先の転換を暗示した。七月は再び連続大赤線で放れたが、週足は上影長となり、上値に圧迫があることを示し、翌週は〝陽の陽はらみ〟（〝行き詰まり線〟にも似ている）となって一天井。

その翌週も〝波高い線〟が出て、このあと、二週間もんでいる。買い方の利食い場であった。

同年十月八日に三〇七円の高値。その間九―十月の上げ相場では、かなり無理をした、いわゆる〝ケイ線破り〟という形もみえ、二七〇円まで急落。いわば九―十月の上げ相場を帳消しにした。

〝外人買い〟のムードだけでは、相場を支えきれなかったことがケイ線の上で立証されている。

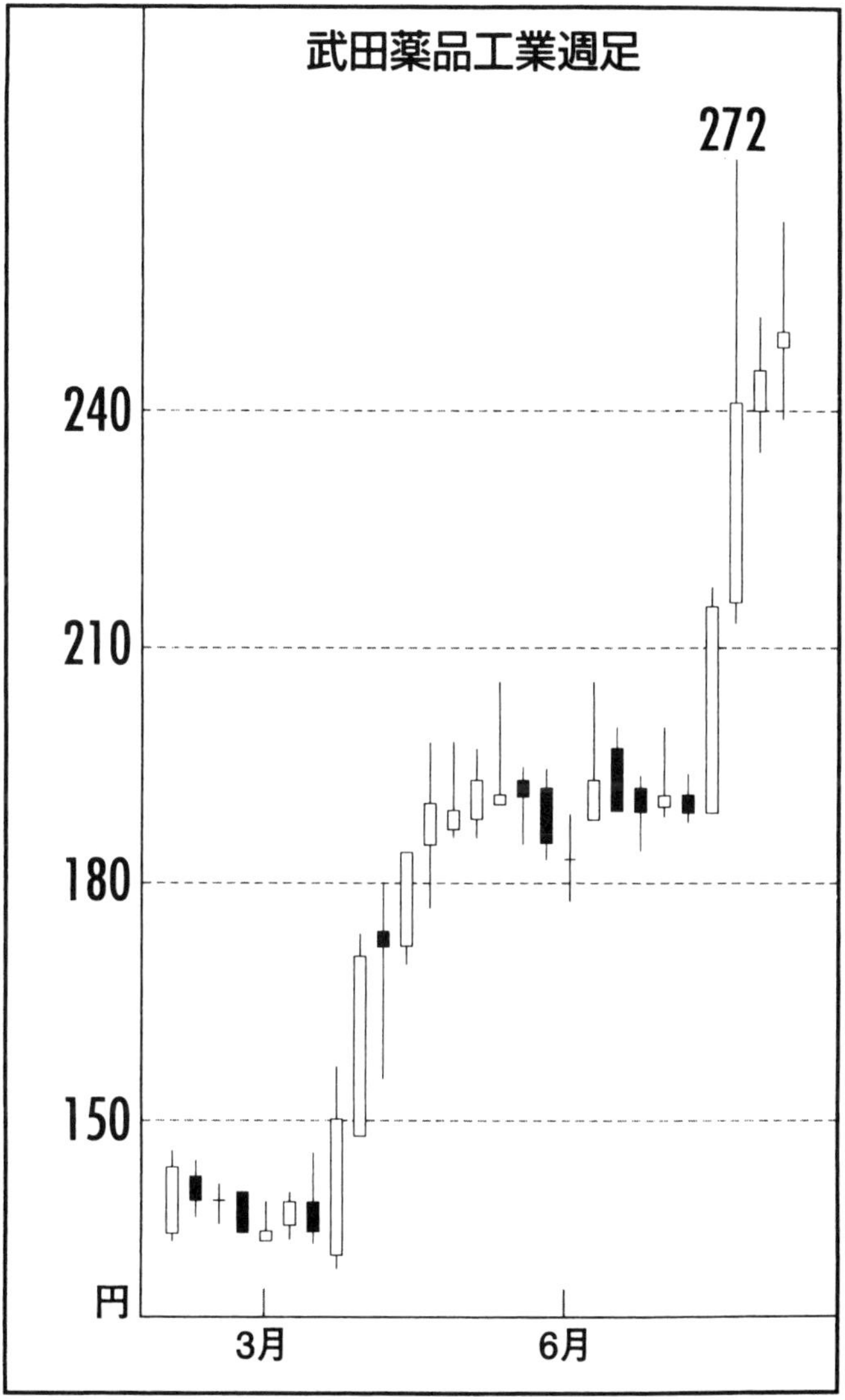

武田薬品工業週足
272
240
210
180
150
円
3月
6月

横河電機（6841）

昭和四十三年六月以来、懸崖を一気に駆け登るような大相場であった。その出発点の陽線は、勢力線とも違うが、下影長の大引け坊主。かなり強い転換暗示の例として注目を要しよう。

次に、上放れた陽線に二本の陰線が出たが、その実体部分がはらんだのは〝上げ三法〟に準ずるとみてよいのではないか。新値切りの二手目にトンボの〝寄せ線〟が出て〝捨て子〟になりそうな危険も感ぜられたが、攻防の分岐点だったとみられる。

さらに二五〇円台で〝陽の陽はらみ〟を出したその前は日足にすると〝複合型の三空〟になろうが、一本の陰線ですんだ。ジリ高から三〇〇円相場に出ると、大赤線二本の急伸となったが、そこで〝行き詰まり線〟が出てしまった。これが上放れた位置にあれば首つりになるところ。

翌週に四〇〇円トビ台の新値をみたが、上影長に終わって弱い。碁でいう無理筋というものだったかもしれない。しかし、大黒線で一気に突っ込んで、二手目が非常に上下のヒゲの長いコマになっているのは、目先の転換暗示ではあったようだ。

ところで、六月の二〇〇円がらみの押し目底から数えて、九月高値の四〇二円（上影長の小陽線）は、ちょうど十一手目になっている。〝新値八手、十手〟の項（六十頁）にあった「多少の売りを試みてもよい」というところであった。

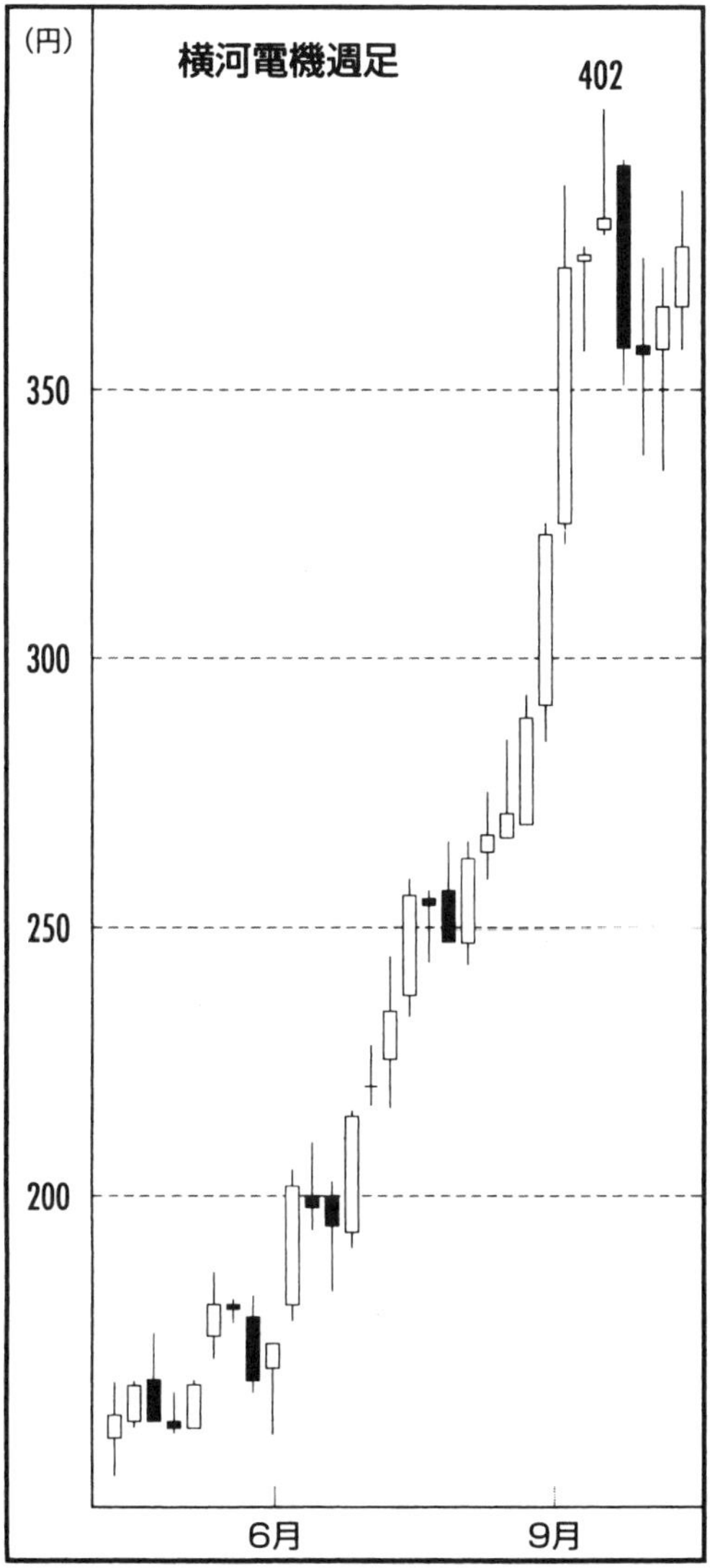

日本冶金工業（5480）

昭和四十四年十一月に値がさ株が天井を打っていらいの焦点株としてクローズアップされた。ただの七〇円台からスタートして、六カ月たらずで三八二円まで急騰したが、その高値圏の日足はグラフI。

初めて三〇〇円台に飛びだした足が陰線で、いかにも重く翌週も上下ヒゲの長い極線だったあたり、規制措置の影響であったとしても、すでに天井圏突入とみて警戒すべきポイントだった。グラフの六本目、小さいカラカサもよくない。

強力に売り方を踏ませて上放れ、三八二円の天井をつけた日の足は、一種の〝捨て子〟というべきだろう（ここは週足では〝寄せ線〟になっている）。

ついで、二つの窓を明けて急落、二日目は寄せ線で抵抗したが、あと三〇〇円割れ、一度三五〇円台に戻して気を持たせたが、余熱にすぎなかった。

陰線の多い高値もみから、安値二一三円まで崩れた場面がグラフIIである。四十五年五月一日の長大陰線は〝はらみ〟であって、アヤ戻りにすぎない。売り乗せの急所になるところである。はたせるかな、週日にして下げに転じてしまった。しかし、二一三円を叩いた前後二本の足は、いわゆる毛抜き底を形成している。

ついで、六月の戻り高値二八三円は、五月十七日のマド埋めにいったもので、反騰相場も、これまで。その後二番底を叩き出しにいっている。

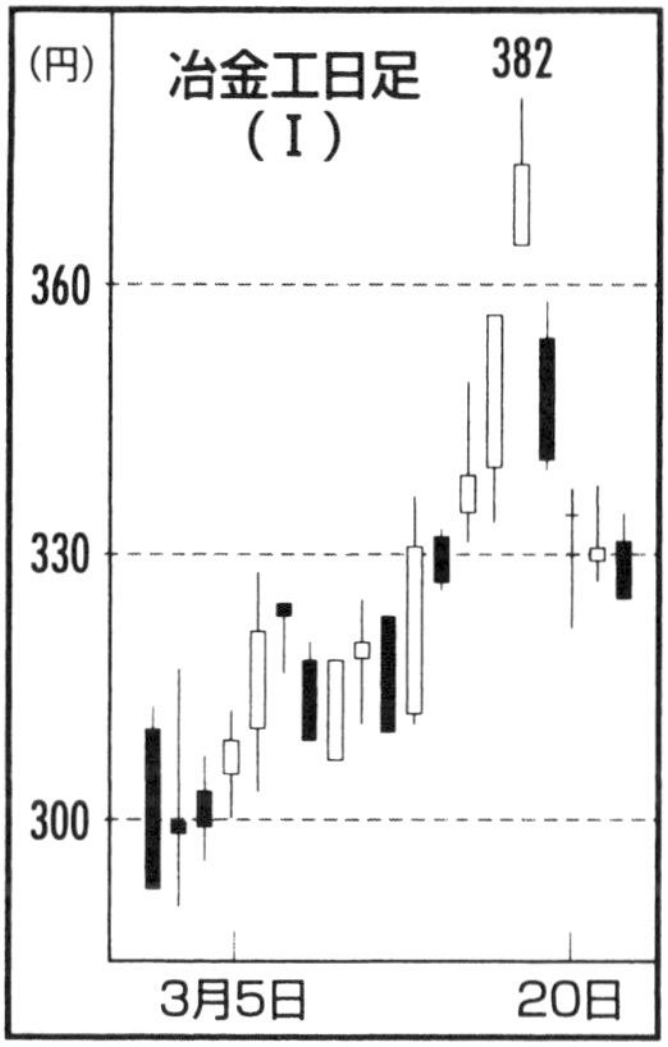

東芝セラミックス　現在は非公開企業

昭和四十五年前半の出世株の一つ。一〜二月は一三〇円台を執ようにもんで上放れ「相場は変わった」。しかし、四月の三〇三円は、一天井である。かなりの〝波高い線〟についで〝十字の寄せ線〟がでたのは、それまでの買い勢力に対して、売り勢力も強まって、バランスした状態であり、大きく崩れた。

ついで一七一円の一番底を叩いてからの反騰も、前ほど強力ではない。グラフの末尾にみる足はカブセであり、これを上抜いて逆転となるかどうか、微妙なところ。次週が高寄り、一〇円以上の値幅をだす陽線でなければならない。二番天井を打って相場が変わった。

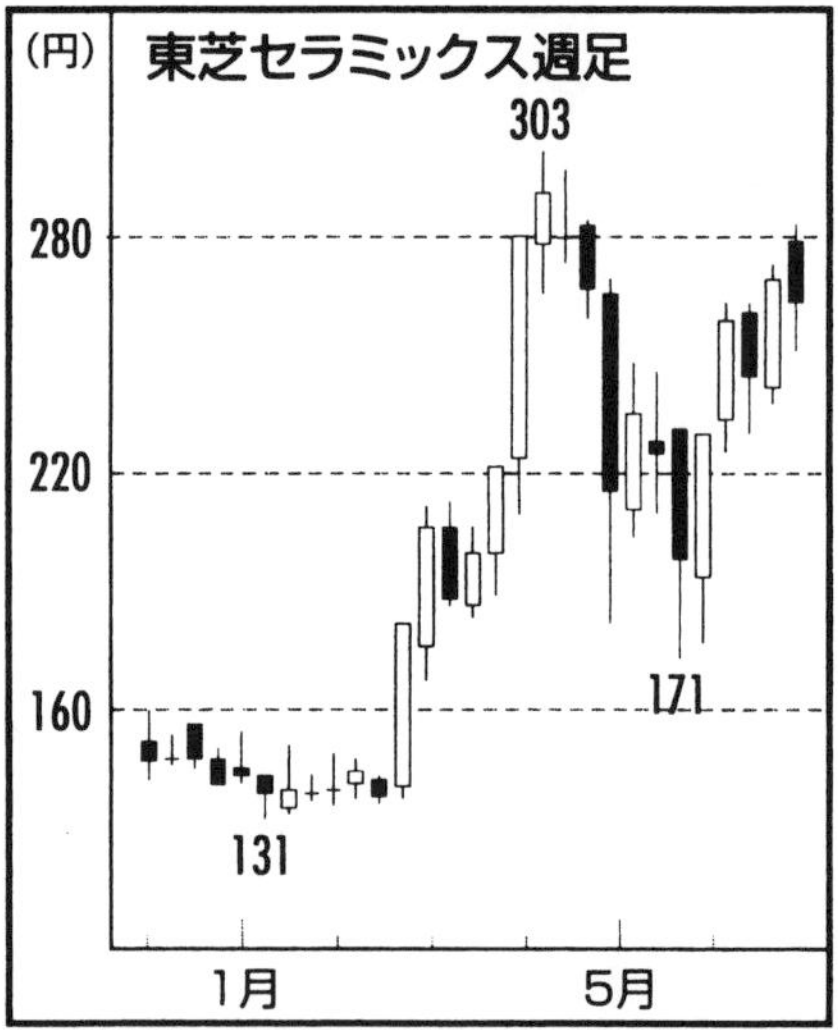

ダントー（5337）現 ダントーホールディングス

昭和四十九年相場のスタートから大阪の仕手人気を代表する派手な動きを示した。大陽線三本を連続して、上寄り陰線による波高い波乱足を二本続けて、もはや天井圏と思わせながら、また上放れている。

〝波高い線〟は攻防の分岐点（信用取引が規制された）だったわけで、この場合は、次に上寄りか、下寄りかを見極めて、勢いのよい方につく〝洞ケ峠〟──「はらみ線出るを待って放れにつく」作戦を実行するチャンスであろう。大相場型である。ただし兵を退くのも早い方が安全だろう。

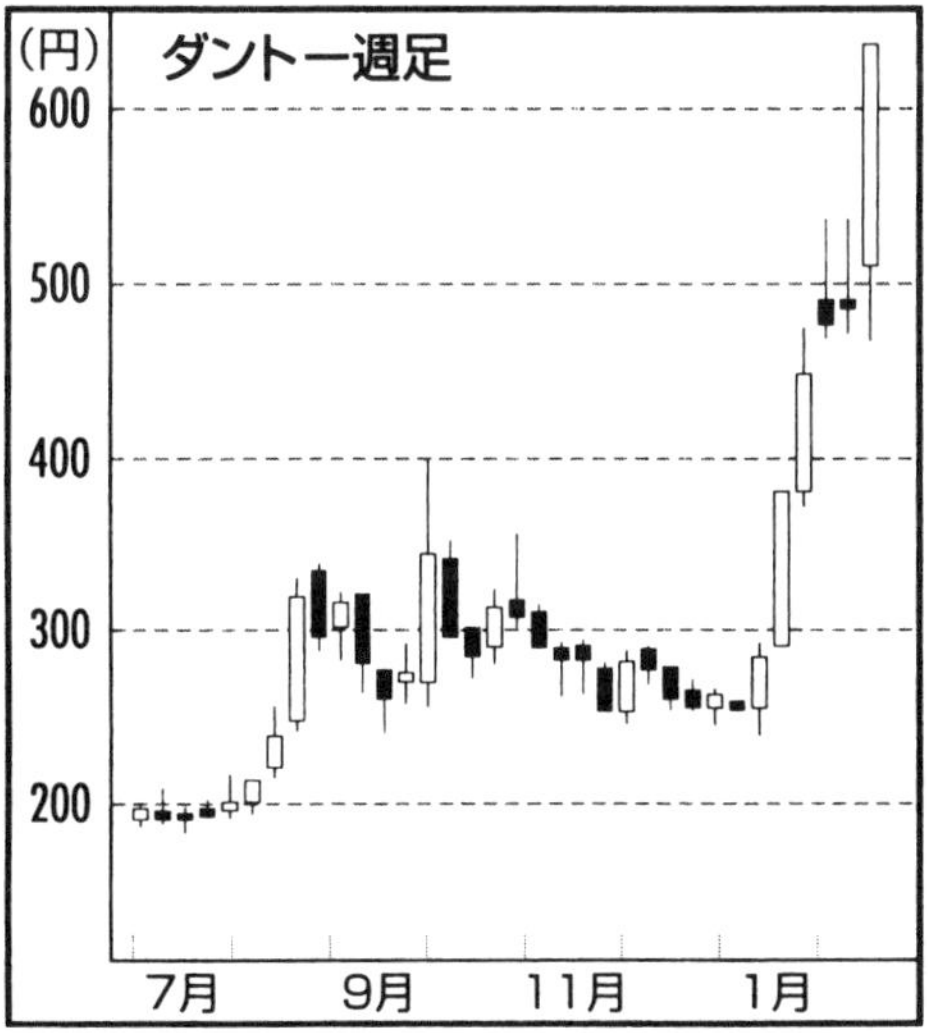

帝国石油　現　国際石油開発帝石

帝国石油は昭和四十八年十一月から四十九年一月の間、中東戦争によって激発した石油危機を象徴する焦点株であった。

まず三〇〇円からマドをあけて放れ、ついで四〇〇円台でも二つのマドをあけた。この間に上伸途上の〝捨て子〟を出し（後にこれを埋めにくる）さらに五〇〇円台でもマドをあけて上放れ、天井打ち。〝三空〟ではなく〝四空〟というのも、まれにみる人気相場のすさまじさを物語っている。突発材料による異常な投機相場の典型であろう。

しかし天井（六四〇〇円）を打った日足は、長いヒゲだけが上に飛び出て、しかも陰線。これは伸力尽きた天井決定線である。いちど〝化け線〟とみられる長大陽線を打ち出したが、すぐ陰線二本をかぶせられた。

六三〇〇円の二番天井をつけた日足が、また〝捨て子〟のような陰線だったのも味が悪い。まして翌日が安寄りの〝寄り切り線〟では、早いもの勝ちの逃げ場。案の定、常磐沖第二号井失敗の報道をいれてストップ安のマドをあけ、また〝捨て子〟を残して、買い方総崩れとなった。

しかし、上伸途上の中段にあけたマドを埋

めたところで、さすがに一応の下値にとどいたわけで、下値鍛練ののち、ようやく二月中旬には出直りについている。一種の〝変化底〟とみてよいであろう。

大きくヒビが入った相場とはいえ、これだけの戦いに余震はつきもの。ここから買い方の巻き返しによって、一月の連続ストップ安であけたマドを埋めにいったが、埋めきれずにもう一度たたき込まれている。

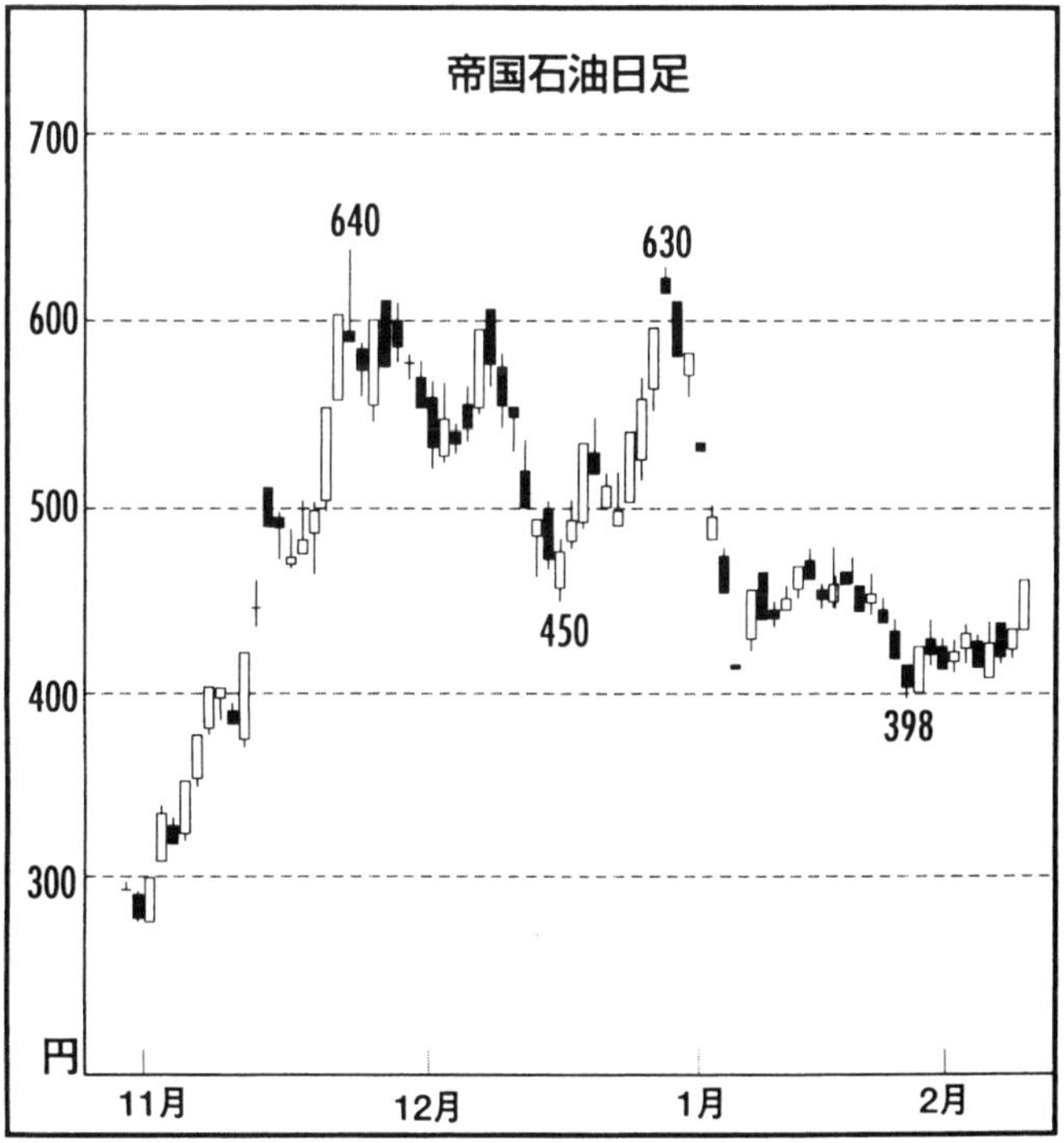

日経平均

平成三年（一九九一年）秋から同四年八月にかけての日経平均は、バブル崩壊後の相場が断末魔の中で底値を打つ歴史的パターンとして長く研究の対象となろう。

平成四年一〇月末に二万五二二二円をつけたあと、空を開けて値を消す陰線に波動の変調を示唆していたが、九二年初めの切り返しも「マド埋め」にも至らず、戻りのパワーの限界をみせつけた。翌週、再び下放れ陰線を引いた段階で見切り売りに踏み切る急所となるのだが、実際はそこまで決断するのは難しい。しかし、陽線を示現しても上ヒゲの長いコマ程度にとどまっていることで、形勢はますます不利になる。

同四年春の三羽烏で底入れかと思わせた（四月初旬の安値一万六五九八円）が、翌週、大きく切り返すことはなく期待は裏切られた。五月の気迷い相場のあとに、俗に「小石崩れ」と称せられる小幅陰線の積み重ねがみられ、同時に、この間、下放れ二本黒を交え、状況は一段と深刻になる。結局、八月一八日の一四三〇九円で底入れとなったわけだが、これだけ売り叩かれれば急反騰は既定のコースといえるが、三本の大陽線を立てると「放れ三手の新値は利食い」。ひとまず退却が賢明になる。

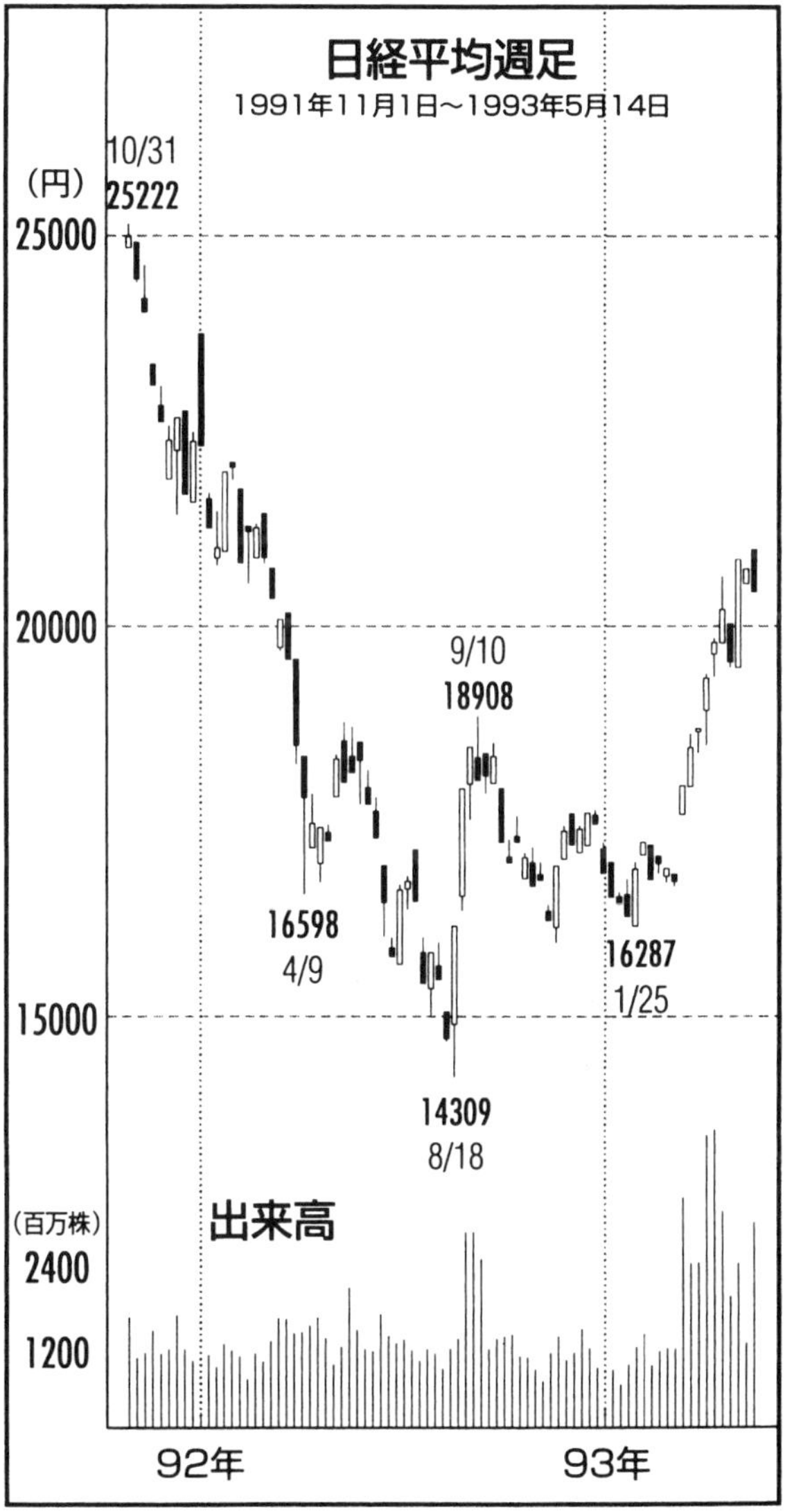

巴川製紙所（3878）

巴川製紙は昭和五十二年の新春相場における代表的出世株のひとつであった。上げ相場のスタートは五十一年九月の後半で、その位置から二月の高値へ、株価はゆうに倍増の大相場を演じた。

スタートの段階では、元来が地味な銘柄であるため、大方の関心は薄く、いわゆる人気化の場面に入るのは中段のもみを放れた一月中旬以降である。

五十一年九月のスタート時点ではまず第一歩で小さいながら「寄り切り線」もでている。しかもこれは〝陽の寄りつき丸坊主〟だ。さらに一週おいて、より長大な「寄り切り線」が出現した。これによって先行き大相場の信号がでたと理解してもいい。このあと三〇〇円トビ台にでて上下のヒゲの長い実体の小さい〝波高い線〟をだす。攻防の分岐点であり、一応、洞ケ峠にこもるところであった。そこからの押しのパターンは、やや変型だが、しかし〝三手大黒線は買い〟に相当し、次に陽線あれば〝買い増しを可とす〟とするケースである。

次の中段もみ三週間は、相場上伸途上に現れた押え込みであり、直後の上放れは〝買い増しの急所〟になった。その後、長大陽線三本を引いて、高値で波高い線、実体部分がはらむ「陰のはらみ線」が出現、さしもの大相場も仕上がりを暗示した。

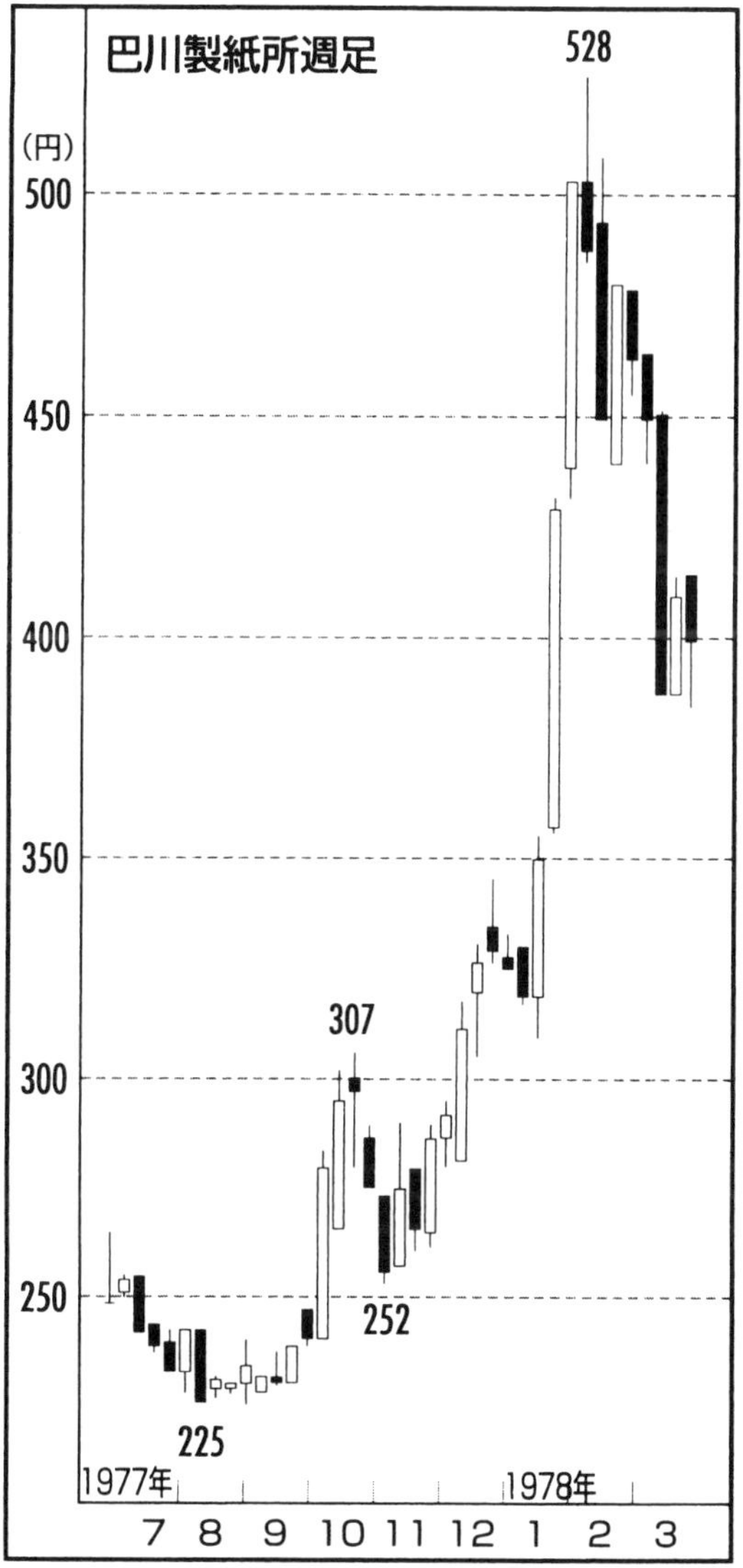

国際電気　現在は非公開企業

国際電気は、昭和五十一年十二月二日の二二八円を安値に、きれいな三段跳びの相場をだし五十二年二月十七日の五〇七円へ、わずか二カ月余りで株価倍増以上の大きな上げをみせた。このチャートの特徴は、その天底、ともに酒田憲法が買いの急所、売りの急所として教える教科書どおりの展開を示していることであり、かつまた、上げ途上における積極買いの指示を伴うなど、きわめて含蓄に富む内容となっている。

まず十二月安値をだした時点の週足は「タクリ線」という強力な下値到達の暗示線であり、さらにその翌週は、このタクリ線の実体を包み込むかたちの「抱き線」がでている。「下部の〝抱き〟は底の表示と知れ」の言葉どおり、タクリ線に続く抱き線の出現によって、決定的な買い信号が発信されたわけである。さらに、翌週の足は寄り切り線。俗にいう陽の寄り付き坊主でこれも上値暗示のかなり強い線といわれる。一月の中段波乱も、前週長い上ヒゲを引いての陰線で、一瞬ヒヤリとさせたものの、結果はこれもタクリ線となり、なお買いが可能と教えている。

しかし、五〇〇円台を抜いた五十二年二月

第三週は、一見して強そうにみえる長大陽線だが、これは「抱き線」。さらに前週の陰線を抱くかたちは〝最後の抱き〟と呼ばれるもっとも深刻なパターンだ。翌週の下寄りは（仮に高寄りしても〝カブセ〟の陰線になることが多いもの）、即刻成り行き売りと教典は教えている。さらに、翌週大陰線が出て、陰線三本並ぶツタイの三羽烏となった。

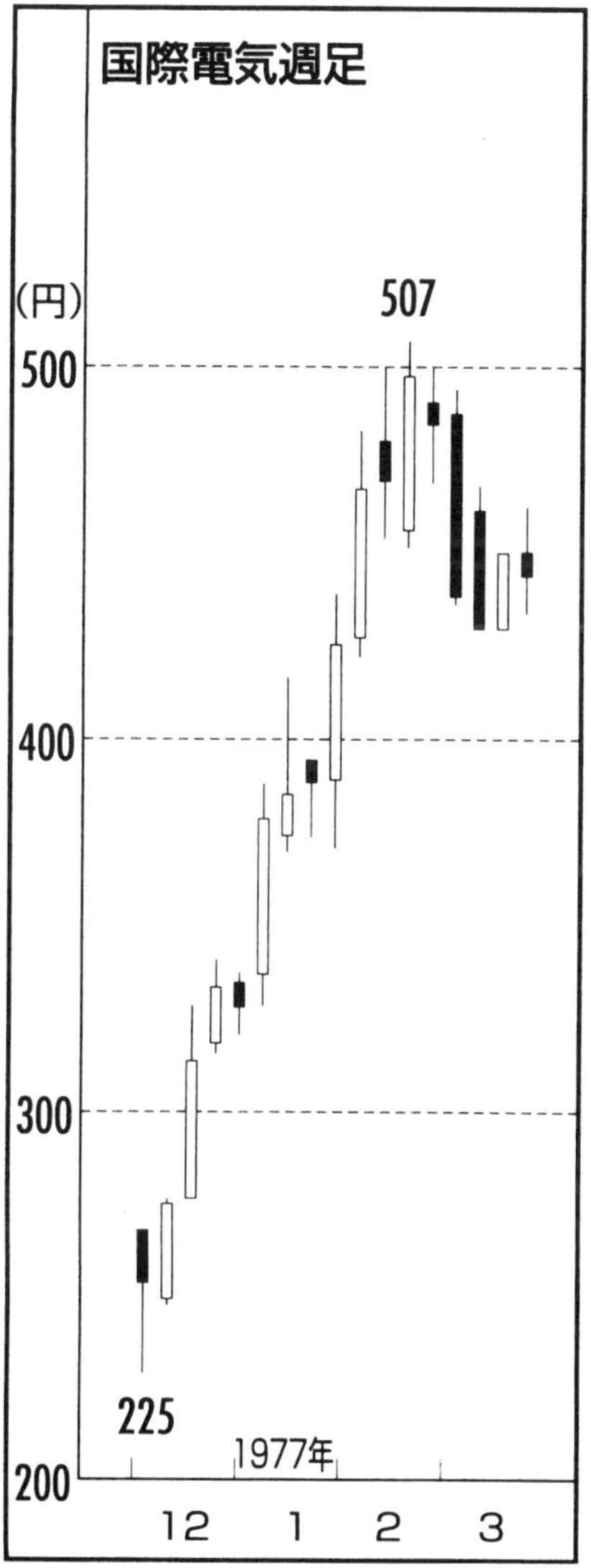

日本電池　現 ジーエス・ユアサコーポレーション

仕掛け人不明のまま、昭和五十二年の序盤に大暴騰し、上場来の最高値を更新した。常識ではちょっと考えられないような相場だったが、たまたまその直前、日本ステンレスが同じような腕力相場を出しただけに、買いが買いを呼ぶ熱狂場面を出したのだろう。

しかし、グラフを見ると日本電池相場の兆候は、五十一年十二月早々にスタートを切ったことが明らかになるはずだ。上旬の「抱き線」は上値に出ると退却示唆だが、下値ではハッキリした底入れであり、この段階から、従来の相場に訣別したと考えることが可能になる。

さらに付け加えるなら、この抱き線を形成した直後、二週間のダメ押し陰線を入れて、あと陽線四本を連続させたが、これは「下位にて陽線五本連続すれば陽転」の変形と言ってよい。おそらくは買い方が値を押えながら、ジックリ玉仕込みを続けていたのだろう。

その後の日本電池は、新高値に伸びたあと三週間の調整を行なったが、これが典型的な「押え込み」で、次週からの急騰を予告している。

値幅一二〇円余りの大陽線は、文字どおり

棒上げだったものの、三月高値では「酒田ケイ線」がまた明瞭な売り指示を出した。この週足では現れないが、日足のグラフを書いてみると、三月高値日が〝カブセ線〟となっており、ドテン売り越し敢行の急所を示唆している。

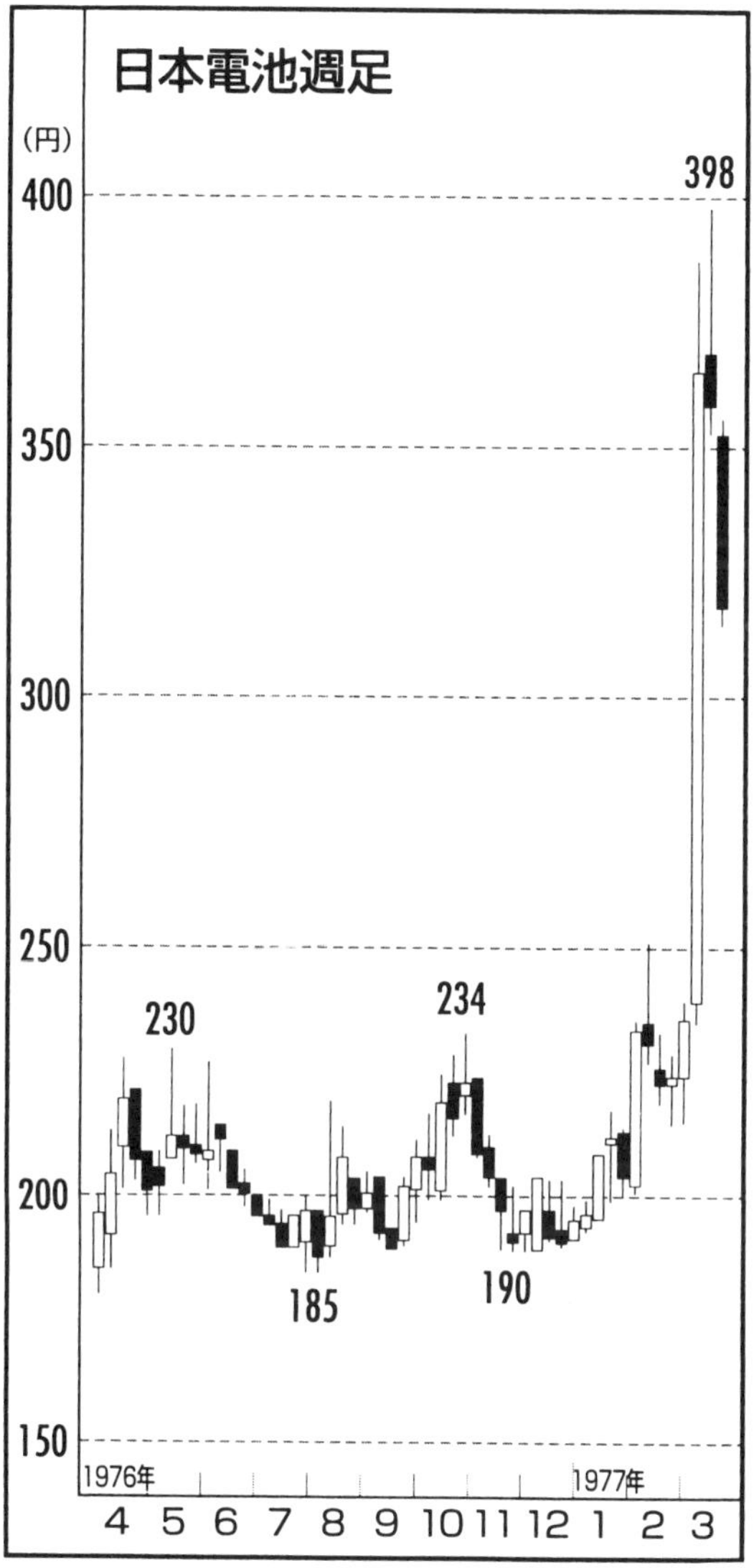

千代田化工建設（6366）

「酒田五法」にあらずとも、ケイ線破りはチャート分析の宿命的な欠陥だ。

相場のテクニカル分析自体が確率から派生している以上、すべてに例外があるのはやむを得ないが、買い方が資金力にものを言わせる腕力相場、とくに買い占め型の相場に、酒田五法が通用するものだろうか。この例にあてはまる千代田化工建設のグラフを検討してみよう。

この種の相場は、序盤、中盤より、終盤が重要な視点になるが、グラフに見るとおり、まず昭和五十一年七月高値示現直後に、強烈な「上値遊び」が出ている。本来ならこれは、天井形成につながる〝型〟のひとつで、下放れ陰線形成後しばらくもみ、あと崩落につながるケースだ。

しかし、翌週から逆に切り返したのは、信用の取り組みをも操作した腕力相場にほかなるまい。出来高が極薄状態にもかかわらず、上値を取り得たのは、資金にものをいわせて、浮動株をさらい切ってしまっていたからだろう。

もっとも九月下旬の大陽線が「ツタイ線の打ち返し」に終わっては、いかに買い占めの本尊といえどもさすがに抗しきれなかったようである。

しかも付け加えれば、この大陽線が「上位における抱き線」で逆向かい売りを示唆しており、翌週の陰線が「かぶせ」になって「ドテン売り越し」を敢行する急所とあっては、もはや覆しようのない天井形成といえるだろう。

案の定、陰線三本後、寄せ線をだしてアヤ戻しかと思わせたものの、極線四本から反転、六八九円と突っ込んだ。

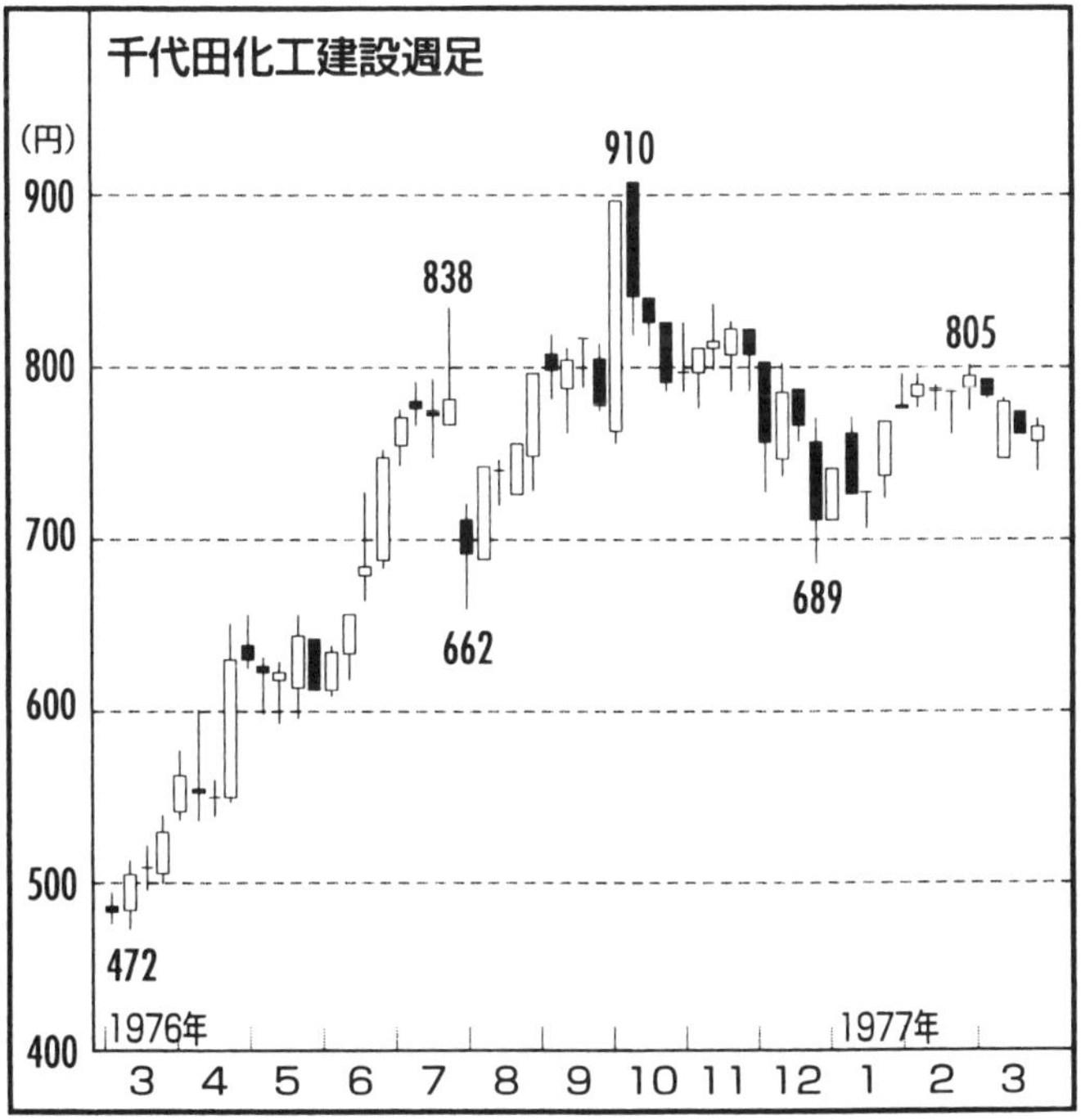

長谷工コーポレーション（1808）

大きな流れは昭和五十年後半の波動が変形ながら逆三尊、大底確認から大相場に発展した。この場合、よくも続いたとおもえる極線の連続がポイント。ダメ押し確認のあとだけに、どこかで上放れるのは当然だ。

そこで、切り返し―第一段上げ波動は小勢三波から成るきわめて素直なパターンだが、この過程では上昇第二波で四八〇円に迫る戻り新値をつけたところで〝カブセ〟となって、翌週は急落。しかしすぐさま長い下影を入れて反転に転じたのはなお上昇の余韻を残した証拠だろう。たしかに仕上げの三波は勢いよく弾んだが、六月第一週の〝放れ〟を翌週にツツミ込んだところはドテン売りの急所になった。そのあと、陰線四本を入れて、翌週は一応買い転換の〝はらみ線〟になる。

ついで、ダマシを入れての中段もみに移るが、もちあい最終局面の十月相場での崩れ足は下値抵抗ラインを下抜けて、いかにも下放れを連想させるが、この時点での陰線三本はむしろ典型的な〝押え込み〟の買い線で押し目買いチャンス。そして第二段上げは一段上げとはニュアンスがちがって〝連続線〟による重量感のあふれた上げ波動にかわった。

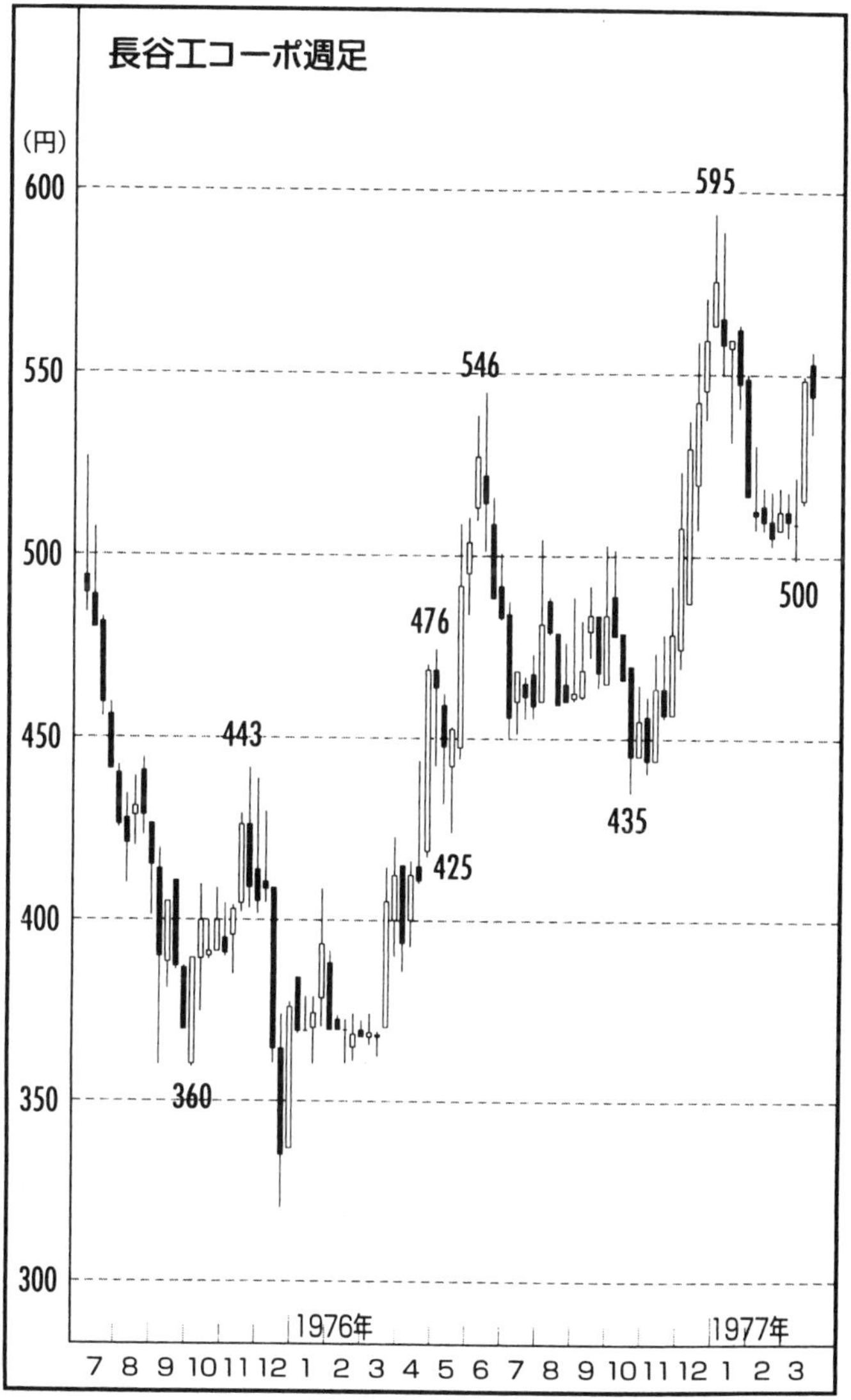

長谷工コーポ週足
(円)
600
550
500
450
400
350
300
595
546
476
443
425
435
500
360
1976年
1977年
7 8 9 10 11 12 1 2 3 4 5 6 7 8 9 10 11 12 1 2 3

明治製菓　現 明治ホールディングス

昭和五十一年三月末の権利落ちから小幅の往来相場が十三週もまたがった。これだけ煮詰まると、どちらかに放れるのは当然で、十四週目が前週の小さな陰線をつつみ、同時に寄り付き坊主と、反騰相場を暗示。一気に四〇〇円台替わりと強烈な新値追い相場につながった。ただし、陽線三本目の次週がはらみ線で、一相場完了のパターンになった。

ついで、九月相場での切り返しでも高値更新の直後にまたも陰線のはらみ、いったんは盛り返して抱き線にかわったものの、高値波乱は明らかで、十月第二週は今度は逆に下げ足のカブセにぶつかって翌週から急落。仕手化に向けてのひとつの攻防ラインであった。

もっとも、十月末のダメ押し確認から、あと切り返しに大きくバネを効かせた点では、まさしく格好のクッション。とくに、叩き込まれたあとの下値切り上げのパターンは〝放れ七手の変化底〟に準じ、なおかつ十一月相場の大陽線は「およそ一カ月は上伸するものなり」のヤグラだ。ただ五十二年二月高値の形成はひとまず退却の〝行き詰まり線〟。それでも陰線二手は、むしろ上昇途上の〝つたい線〟で逆向かい買いを暗示していた。

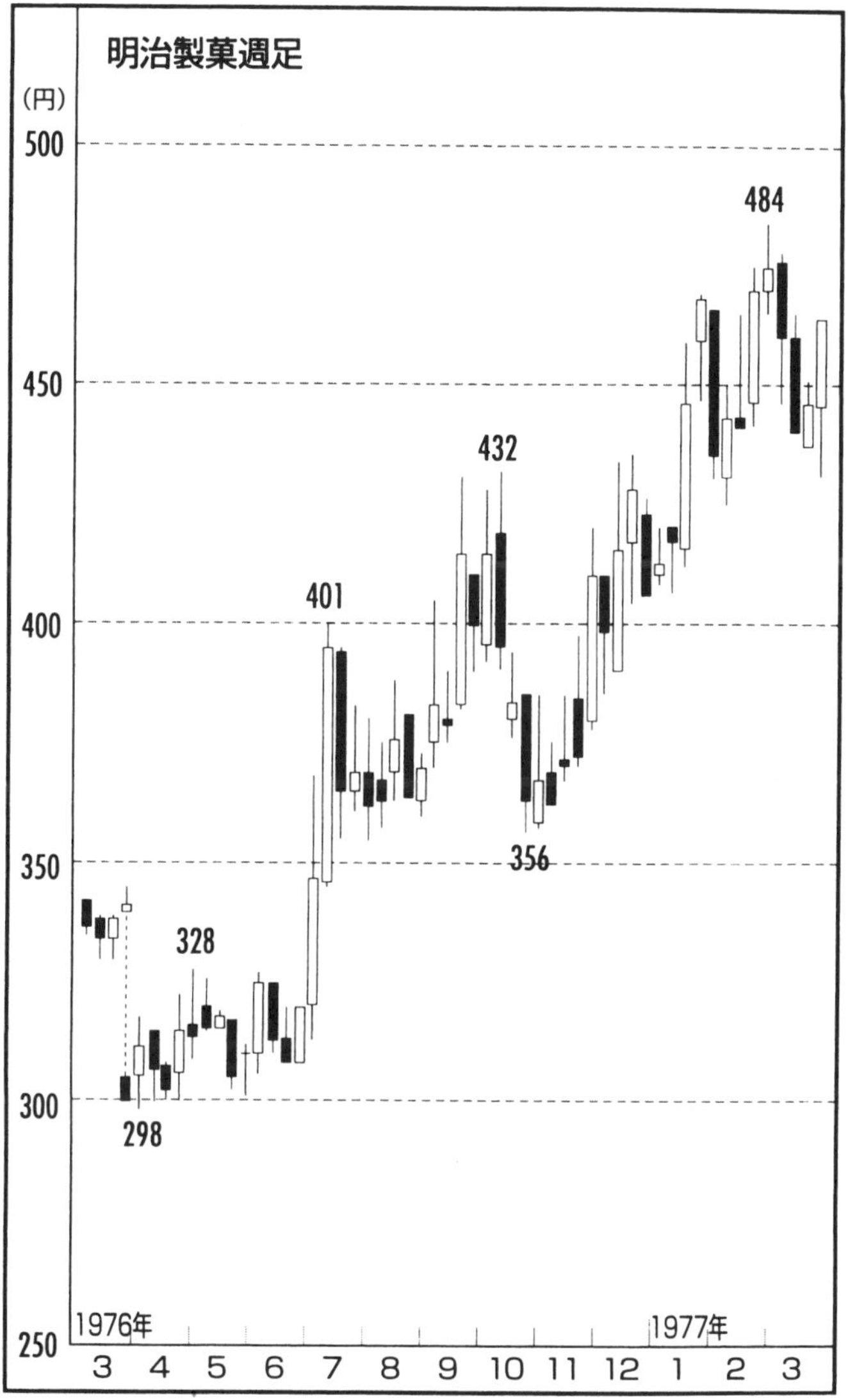
明治製菓週足
(円)
500
450
400
350
300
250
484
432
401
356
328
298
1976年
1977年
3
4
5
6
7
8
9
10
11
12
1
2
3

松下電器産業（6752）現 パナソニック

松下電器は、業界を代表する企業。昭和五十六年の活躍株のなかでもきわだって注目された銘柄だが、同年八月十日につけた一九四〇円をピークにした陰線は典型的なカブセ足となった。

相場が相当に上押したところに出現したカブセは〝ドテン売り越し〟の急所だといわれているが、それがものの見ごとに実証されている。

あと六週間にわたってストン、ストンと下げ、一一〇〇円ギリギリまで八〇〇円がらみの急落をみせている。

これは八月十日の九三三円をピークとした日本電気の陰線、同じ日の七三〇円をピークとした三洋電機の陰線、同じ日の一六五〇円をピークとしたトヨタ自動車の陰線、同じく六月一日の五八六〇円をピークとするソニーの陰線などにも、はっきり象徴されている。

五十一年の優良株相場でもこの株は焦点になった。十一月中旬にかけての陰線三手による押え込みから放れて高値をつけたあとの下げは、今回とほぼ同じである。これもクセの一種か……。頭に残しておく必要があるかも知れない。

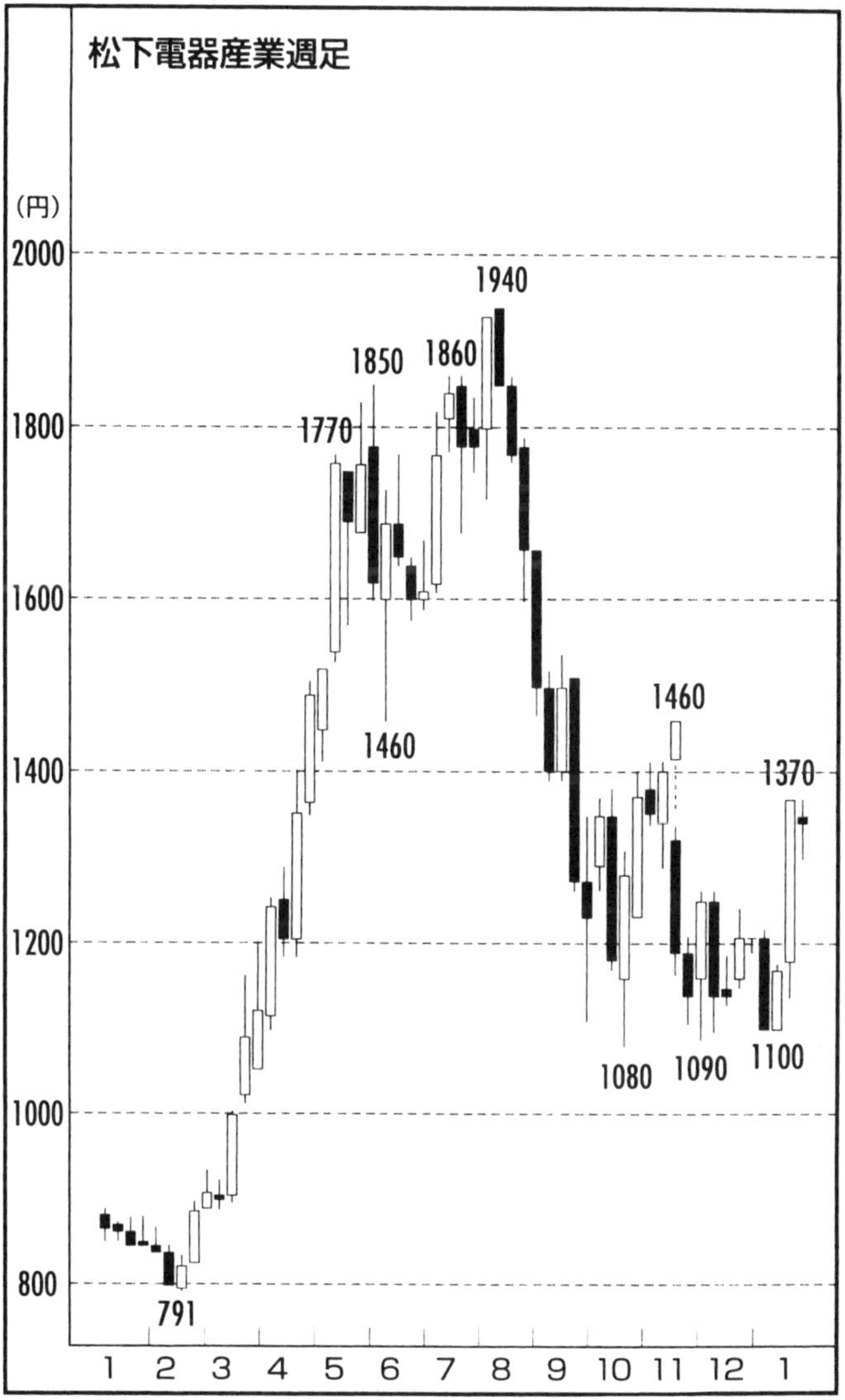
松下電器産業週足
(円)
2000
1800
1600
1400
1200
1000
800
1940
1850
1860
1770
1460
1460
1370
1080
1090
1100
791
1
2
3
4
5
6
7
8
9
10
11
12
1

アンリツ（6754）

昭和六十一年七月二十一日の一九九〇円を大底とする長大陽線は大陰線のあとに出した陽線で、しかも、トンボも含めて六本の陰線をつつんでいるのが特徴である。〝ヤグラ〟の変形とみることも出来るが、その後、もみ合いを繰り返しながら十月二十四日の三六六〇円まで、三カ月におよぶ上昇相場を展開させている。このことからも〝ヤグラ〟とみてさしつかえあるまい。

しかし、新値を取った週は実体の小さな陽線で、上、下に長いヒゲを引いた気迷い線となっている。これは行き詰り線の変形とみることも出来る。

六十二年に入ってからは、前年末の陰線から下放れてはじまり、典型的な「下放れ二本黒線」を形成している。そこから文句なしの下落相場に入り、四月十三日の一五〇〇円まで、半値以下の水準にまで叩き込まれてしまった。

ところが、一五〇〇円までの下ヒゲを引いた足つきは〝タクリ底〟に準ずるもので、あと一気呵成に、六月の二八九〇円まで、二カ月強、実に一三九〇円幅の上昇相場を実現させている。

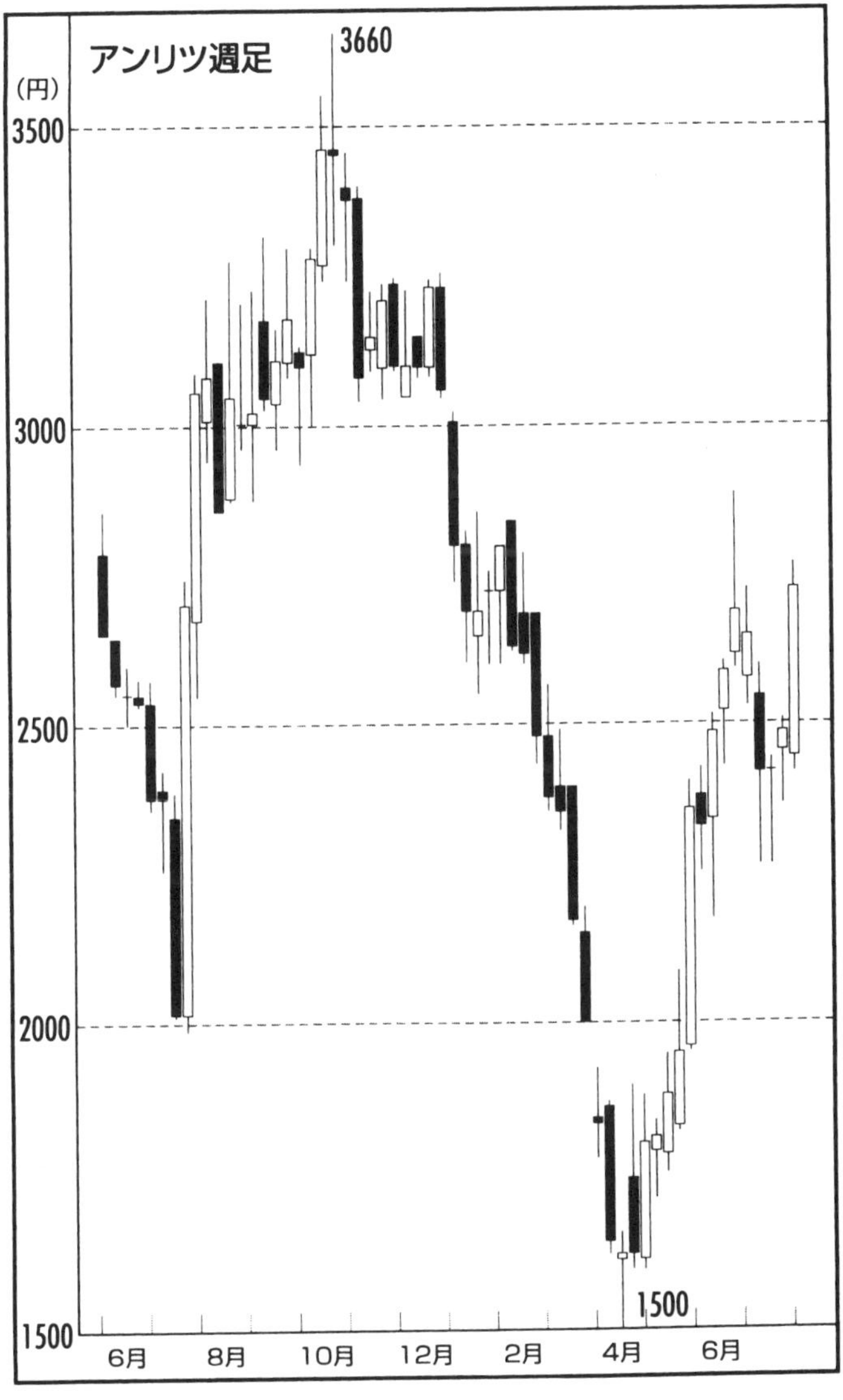
アンリツ週足
3660
(円)
3500
3000
2500
2000
1500
1500
6月
8月
10月
12月
2月
4月
6月

東京機械製作所（6335）

平成五年（九三年）八月十九日の高値八八〇円を示現した翌週に付けたのが〝はらみ寄せ線〟。その後に、〝三羽烏〟の形となり、三カ月で半値近くに売られる急落展開。

同年十一月の底入れ時には、〝下げ足の差し込み線〟を引いている。この線は、直後に下放れて始まるようなら、むしろ売り乗せの急所になるところだが、二週後に大陽線（〝ヤグラ〟）を立てることで、逆に底入れを確認。大相場の出発点となっている。

大型新製品、多色刷り輪転機「カラートップ」の好望や仕手介入思惑をハヤして、六年六月高値まで二・四倍高の大駆けを演じてきた。これは典型的な三段上げ相場と言っていい。一、四月に高値を付けた後、それぞれ一、二カ月のもみ合いを経て上放れる好パターン。「上値遊びは七本から十一本が限度」とされるが、ともに週足七本以内で高値抜けに進んでいる。出来高も着実な増勢基調。

六月の天井形成前後では〝波高い線〟が続けて出ており、また高値の週では、実線部分が〝陽の陽はらみ〟となった点でも、後の波乱局面を示唆。その後、大幅高の反動も加わって一年に及ぶ下げ相場に転じている。

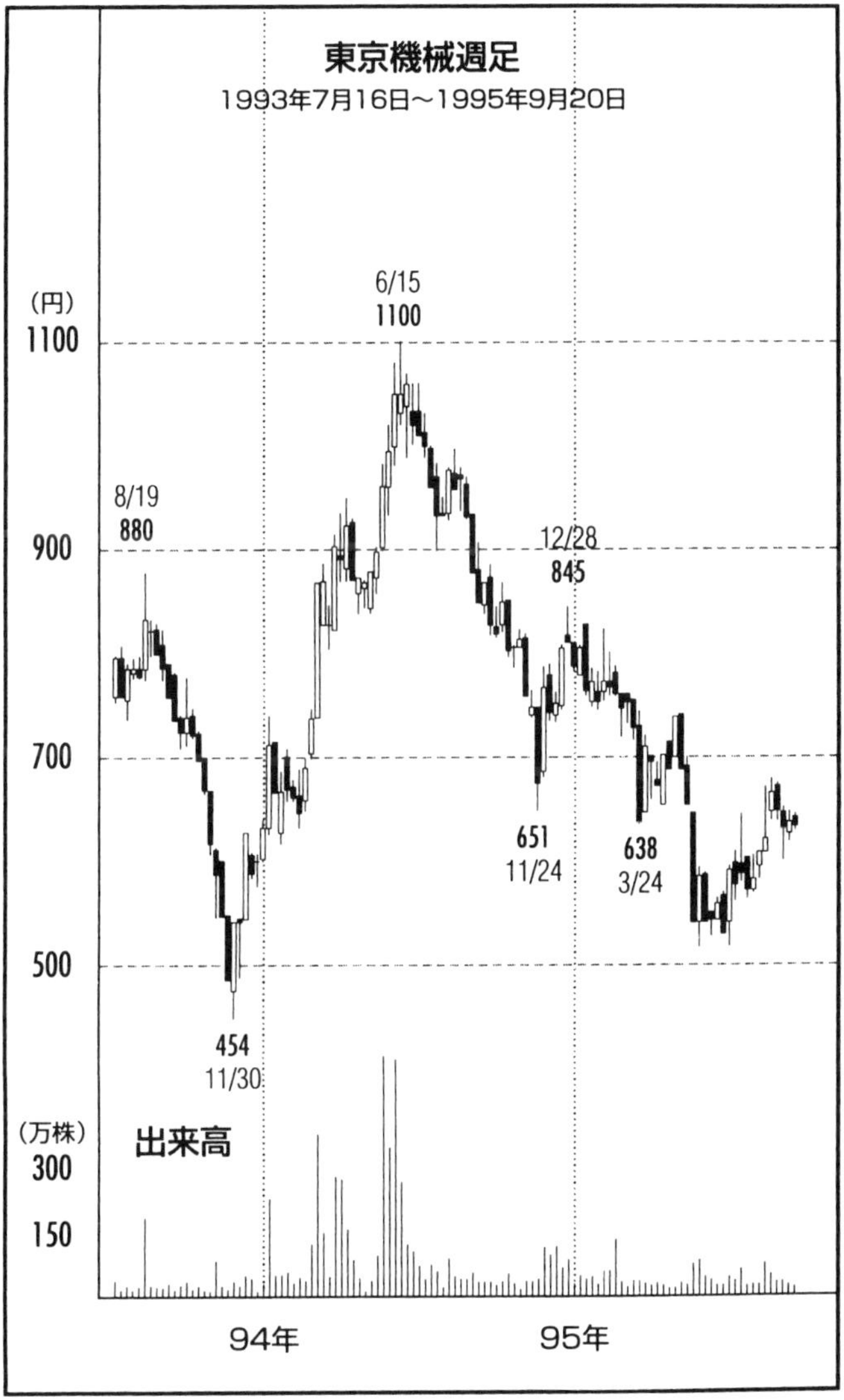
東京機械週足
1993年7月16日～1995年9月20日
(円)
1100
900
700
500
8/19
880
6/15
1100
12/28
845
651
11/24
638
3/24
454
11/30
(万株)
300
150
出来高
94年
95年

科研製薬（4521）

八本目の陰線はアテ線に準じるとみてよいだろう。九本目の陽線は入り首線。ともに変化の激しい局面で現れ、追撃売りの急所とされている。まして、十本目が寄せ線、これが前週の陽線に〝はらまれる〟格好とあっては、追撃売りはともかく、手すきで眺めるのが無難なところだ。

はたして、様子見にもみあって陰線のあと長大陰線で一気に相場はくずれてしまった。長大陰・陽線は酒田秘法にいう大赤線・大黒線。特に基準はないもののメドとしては前日線の値幅の三倍以上を必要といわれている。大黒線に陽線がはらんで、次週の足に〝相場の動き〟を聞く場面となったが、それが陰線とあっては、新たな動きに走るところではない。

六月前後の動きは極線でさぐりあい。酒田三法の形に準じる。三法は売り・買い・休むをもって相場道の法とする。このあたりで、ちょっかいかける必要もないだろう。

六月最後の足はバケ線に近い足。また、最後からの四本目の陰線、前の足を抱いたのかあるいは後の足をはらんだのか、これはいい研究材料となる。

科研製薬週足
(円)
3000
2500
2000
1500
3月
6月

コスモ石油　現　コスモエネルギーホールディングス

コスモ石油は平成二年二月の一四五〇円を高値に四月の七五〇円まで下げたあと、一〇九〇円まで反発、その後、次第に水準を切り下げる動きとなった。

高値前の動きはカブセられて警戒感をつのらせているところに、寄せ線の出現。この上影が高値となったのだが、危くきれいな捨て子を形成するところだった。恐い捨て子は、なかなかに出現しないものだが、危く形成するところだったとなれば、ここでの動きは無用。むしろ、様子をみながら売りにでても良いところだ。

二本の陰線がつたったあと、これも危くというより首つり線に近い足では追撃売りも可の場面。二つの空をあけて、ようやく〝たくり線〟にすくわれた格好。

空とは俗にマド、押し戻りはマド埋めまでの教えの通り、最初のマドを五本で埋めきることになった。一〇九〇円をつけた六月初めの陽線は翌週、翌々週の陰線によって、中勢売りの指示がでたものと受け取り、無用の動きは不要。なお、マド明け三つをもって酒田五法の三空。陰線によるものなら大底、陽線なら天井、ひとまず手じまいの急所。

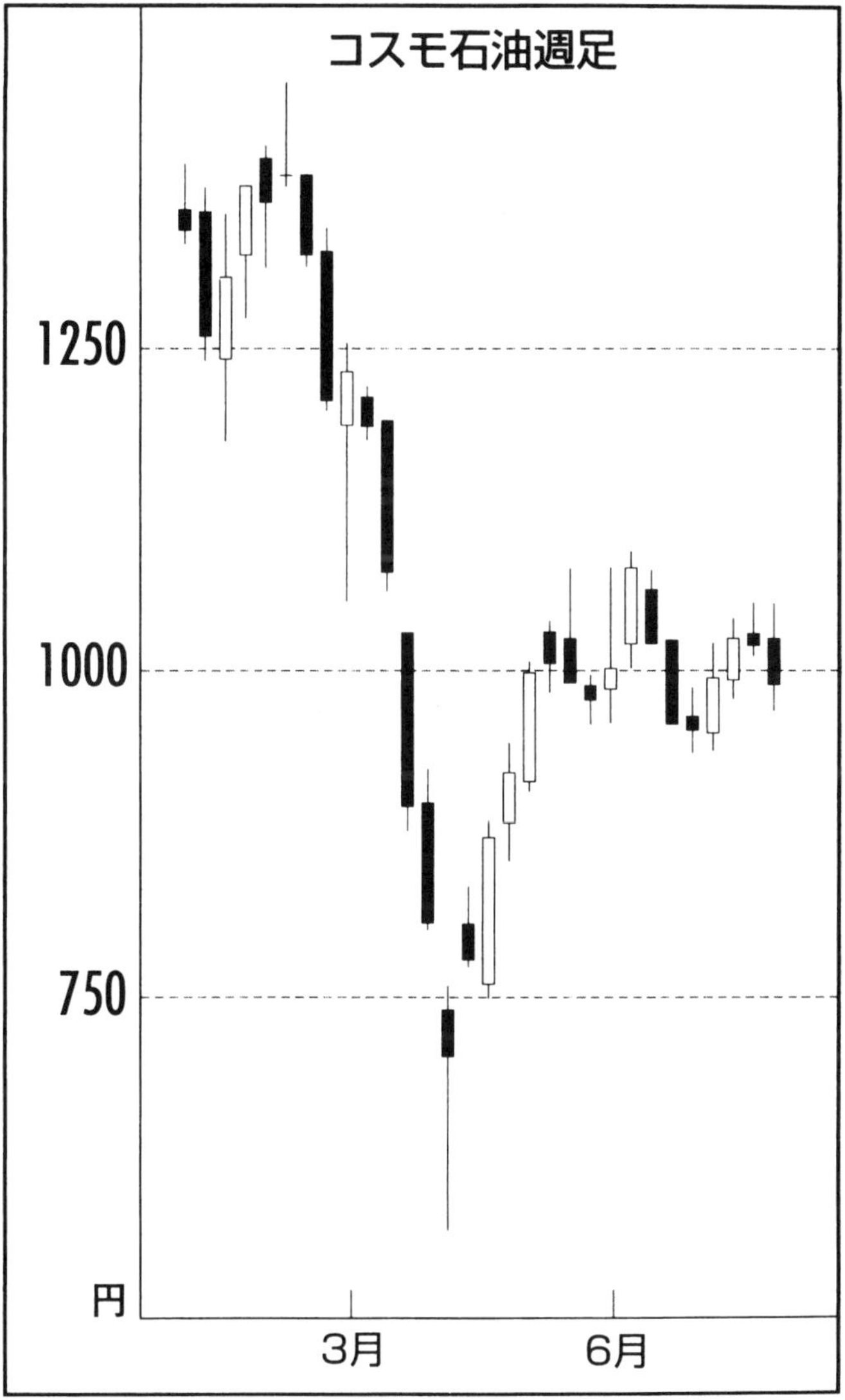
コスモ石油週足
1250
1000
750
円
3月
6月

ニコン（7731）

平成二年三月の一一〇〇円から反転した。下影の長い陰線が反転のキッカケだが、この線はまぎれもなく「たくり線」。酒田秘法では一カ月くらい下げたあとにでるのが本物とされるから、その条件にもあてはまる。

ひるがえって、一月最終の陰線は上影長き陰線での高値示現。反転暗示の三月のたくり線が〝たくりあげる〟線なら、これは〝たくりといっても引き戻す線〟。警戒は当然のところだった。二―三月にかけての下げは実体重視なら、抱きながらの下降、反転後の動きに備える一つのポイントになる。

反転後、一服。一七八〇円まで駆けあがることになったが、途中の一服は最後の抱き線の項を参照。高値をつけるまでの足どりは押し目なしに上伸しているが、ここでは八、十手は酒田の体の骨子なりを思い出してもらうといい。寄せ線一本を含むが最後の陽線は十一手、多少の売りを試みても良いという酒田ケイ線通り、以後の反落はその意味でも当然の動きということになる。

十手目の陽線が、目先相場の一段落を暗示する首つり線に近いものだっただけに、十一手は見落とせないポイントであった。

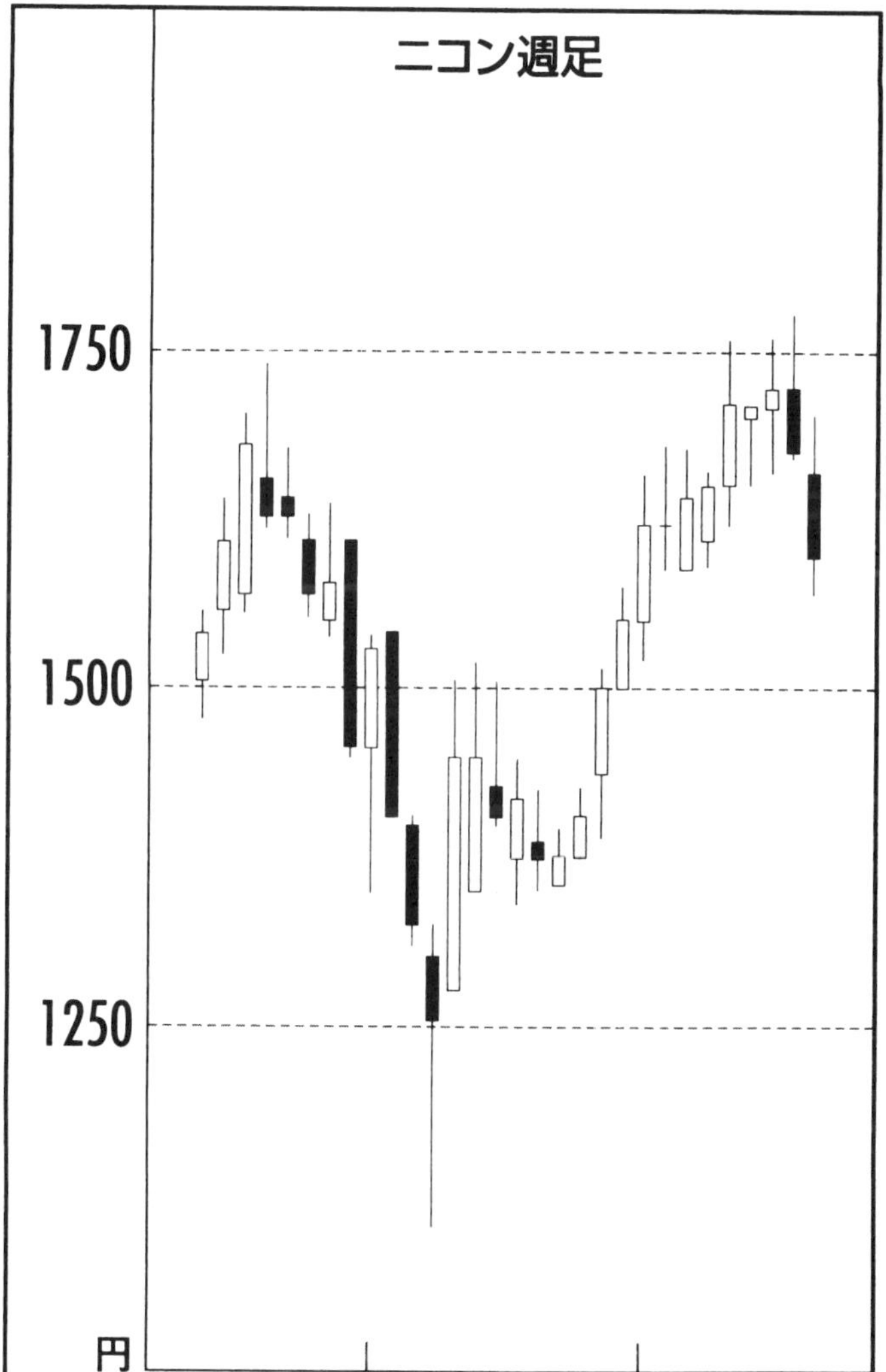
ニコン週足
1750
1500
1250
円
3月
6月

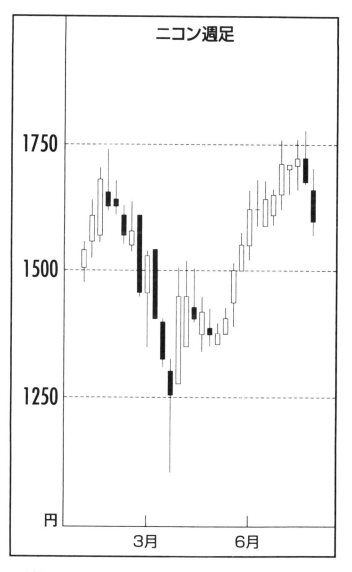

奥村組（1833）

奥村組、平成三年―四年にかけてのチャート（以下同）である。一六一〇円の高値から一三四〇円をつけて、一四二〇円まで反発、一一三〇円の安値まで一気に下げた足。

高値をつけるまでの足どりは、陽線のみで順調そのものとみえるが、カブッたり、放れたり。この乱調子は上げ相場も天井近い（少なくも当面の）証明と見るのが妥当。案のじょう、変化激しきところに現れる入り首線がきっかけで下げ一方、陰の寄り切り線が下げ足を明確にしてしまった。俗にいう陰の寄り付き坊主―陰の寄り切り線は、下値暗示の強い線とおしえている。

反転後の動きもよくない。半値戻しを期待する市場に逆らうかのごとく、安値から四週にして陰の抱き線が形成されては期待もむなしいものとなる。

一一三〇円までの過程は、中に寄せ線三本を含み、極線とまではいかないまでも小短線での綱引き。最後の陰線三本は三羽烏にも似る。最後の陽線はケイ線によくでる当然の足どり。非常に大ざっぱな見方では、これまでより短線多く現れ、寄せ線増えるは転機、手じまいか見送りが賢明だ。

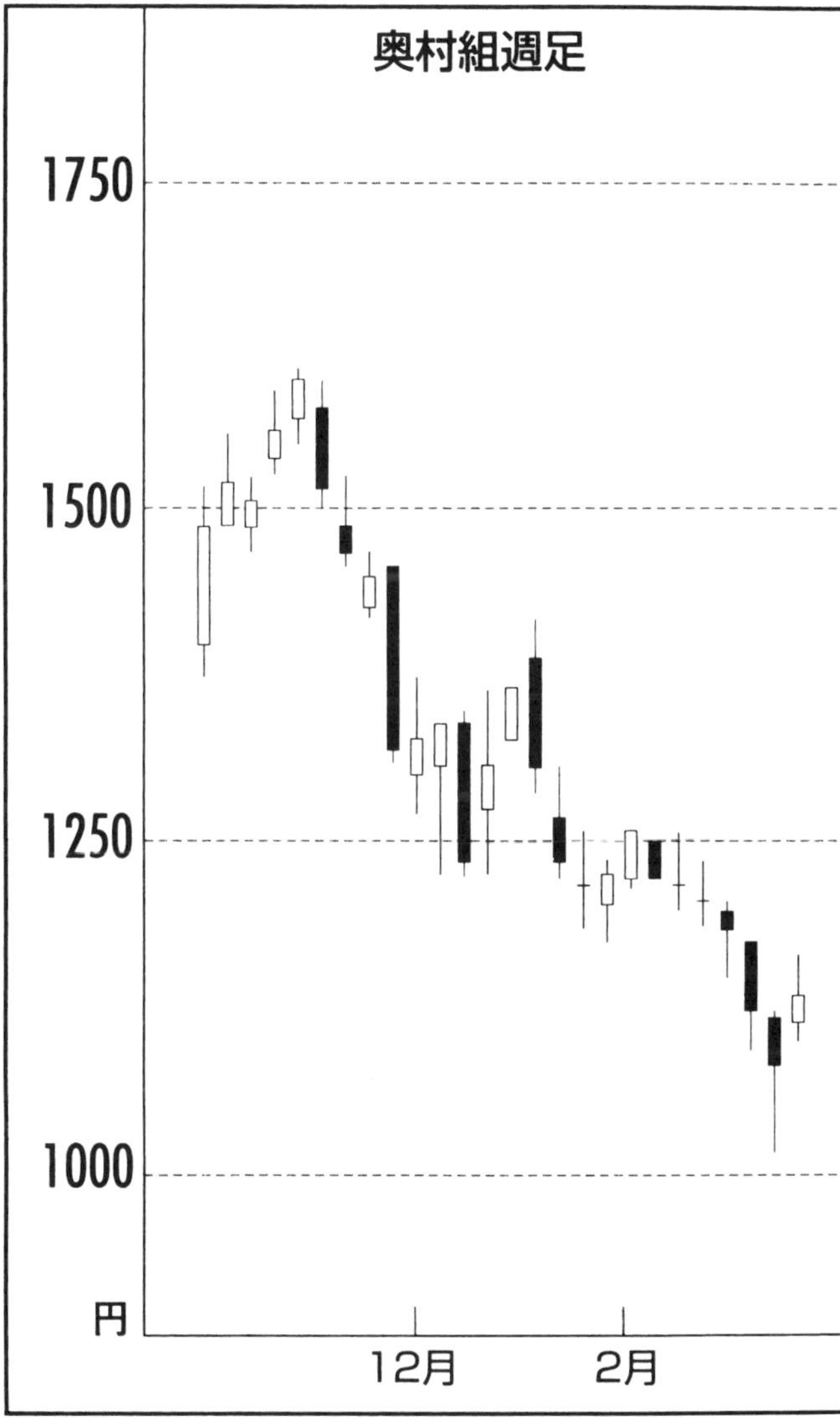
奥村組週足
1750
1500
1250
1000
円
12月
2月

合同酒精（2533）

現オエノンホールディングス

合同酒精の足どりは一一〇〇円から二八一〇円の高値をつけたあと一一三〇円への長大陰線で終わっている。

初手の連続線三手（手とは一本の足の意）はいずれも陽線、強い足に支えられて次週は空（マド）を作っての続伸だが、五手目はさすがに波高き線が出現して次週の陰線をはらんでしまった。次が俗にいう陰の寄り付き坊主だから、自信を持っての小すくいならともかく、様子をみるところ。案の定、四週間の動きは労多くして利の薄いもみあいともいえる場面である。

あと空を伴って二八一〇円の高値まで駆けあがったが、高値をつけた足がいかにも嫌味だった。翌週の陰線が空をあけなければ、あるいは条件つきながら押え込みは買いを可とす、の形をつくったのかも知れない。一たん反転に転じて上影での空を埋めたところが、定石通りの経過である。

最終手は陰の寄り付き坊主。人気離散を象徴して十一月の空を埋めきり、ほぼいってこい。形くずれながら、三尊形成ともみられる足どりに加え、長大線に注意は相場の初歩、このあとはしばらく様子をみることになる。

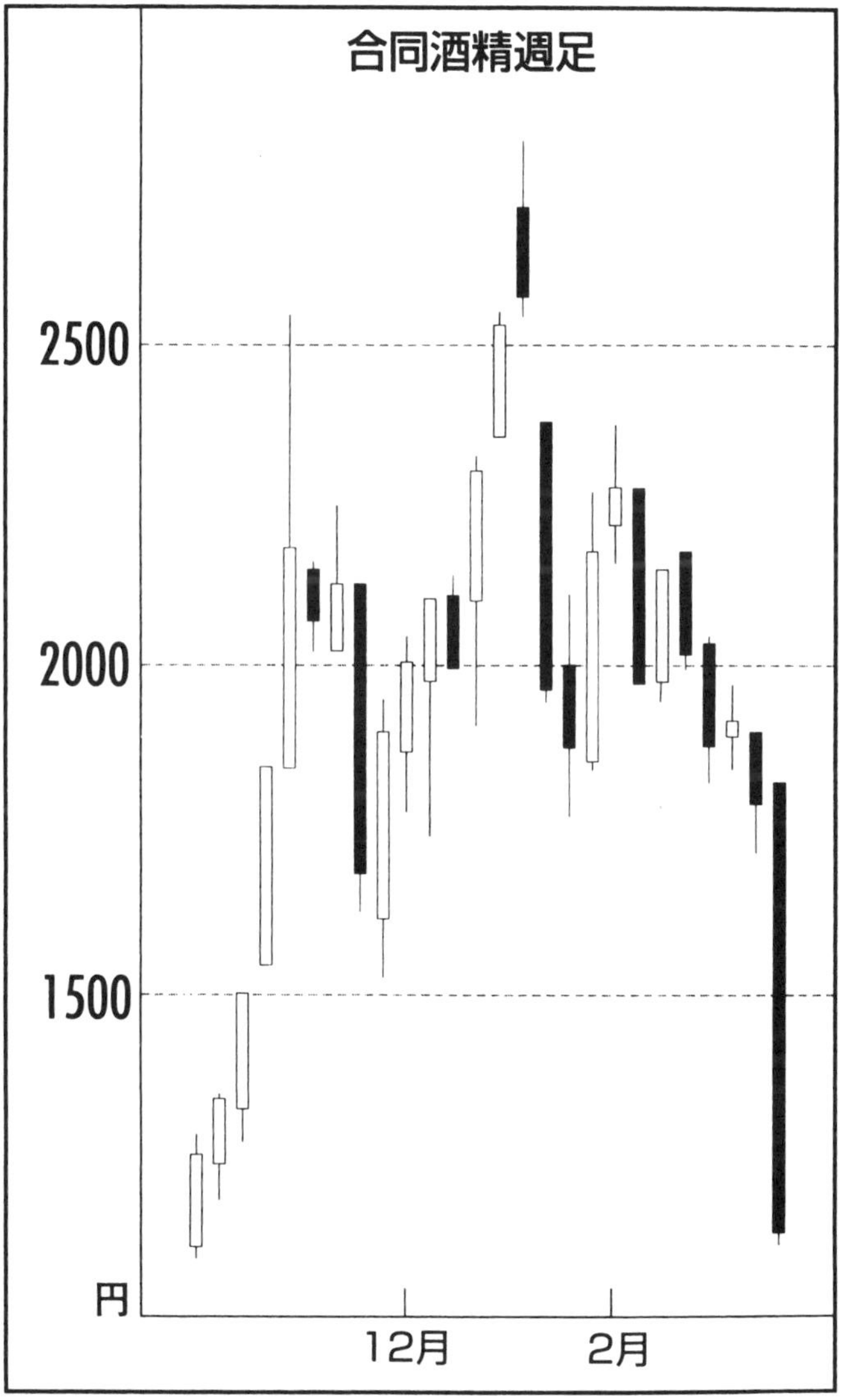
合同酒精週足
2500
2000
1500
円
12月
2月

小野薬品工業（4528）

大赤線（一般には長大陽線ともいう）に次ぐ足はカブセ線。酒田秘法では「相場が相当に上伸したところに出現すれば〝ドテン売り越し〟を敢行する急所」という。しかし、この局面では二週にわたっての大幅高となっている。秘法による「相当に上伸したところ」の見極めが重要なことを示している。ケイ線には経験が必要といわれるゆえんでもある。もっとも、二割強高という大赤線だから、カブセられてとりあえず利食いをいれるという戦法も通用するところだ。

高値六七二〇円をつけて、相場は反転、六週間にして四九二〇円をつけたあとは打診的な買い物に反発したが、翌週は俗にいう〝陰の寄り付き坊主〟相場は今だ整理未了を露呈してしまった。

一月中旬、空をあけての安値示現（四二八〇円）だが、下放れて陰線は、その前の連続線（一本値を含むものの）にも似た動きからみれば、少なくとも目先は反発の可能性を示すものとされる。

すかさず切り返してマドを埋めた強さが再び空をあけての上伸につながるのも自然。戻り高値六三六〇円をつけて終わった。

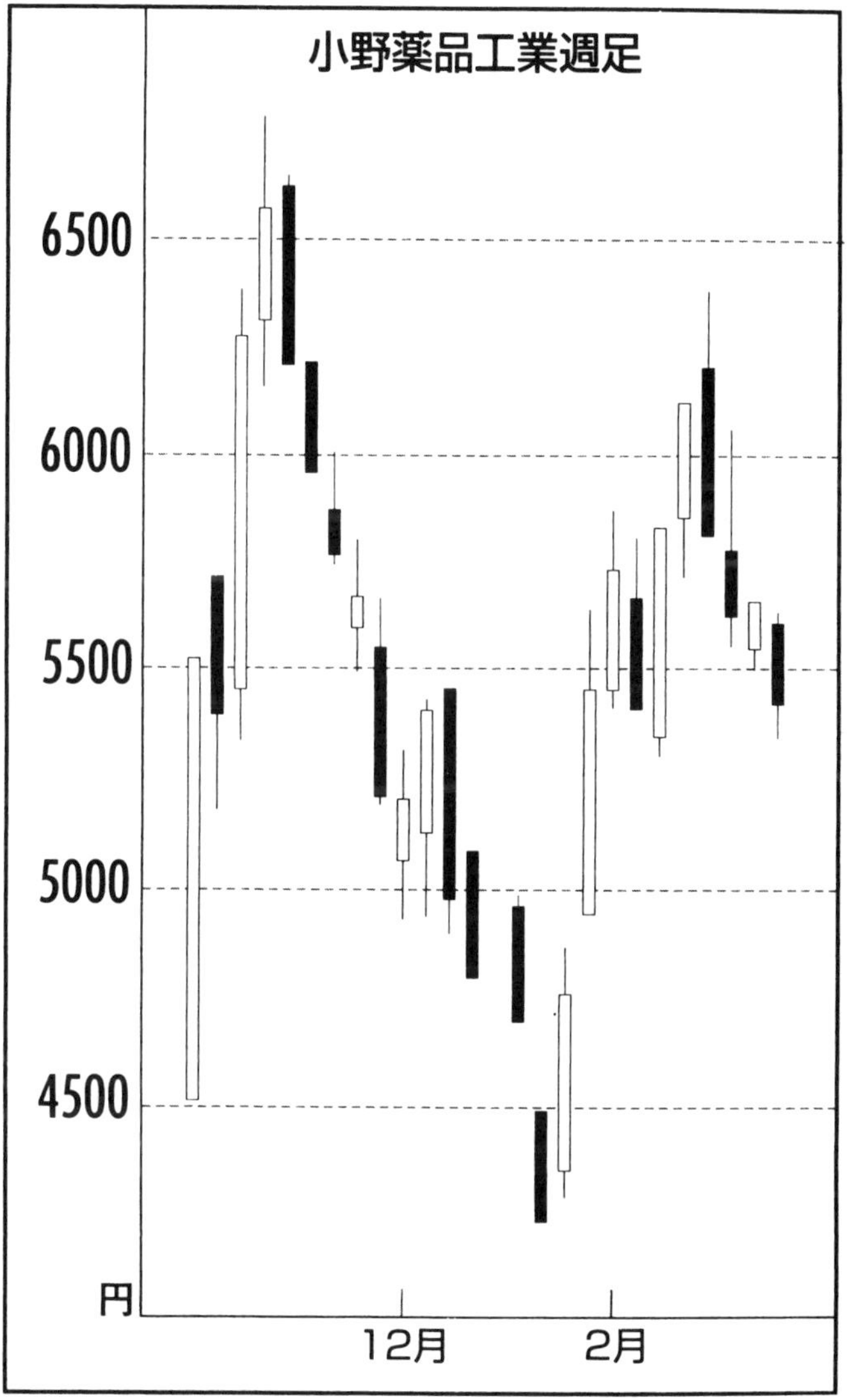
小野薬品工業週足
6500
6000
5500
5000
4500
円
12月
2月

オルガノ（6368）

三週目の足のあと小陰線と寄せ線によって二ツ星に準ずる形をつくった。上伸または下落の途上で小短線（極線）が固まってでてくる二ツ星、三ツ星は分岐点とされる。このあと放れて上なら買い増しの急所と教えているが次週の足が坊主の下放れでは、とりあえず様子をみる場面。なお、一七五〇円の高値をつけた陰の小短線がなければ、捨て子線実現といってもよい状態になっている。あるいは苦難の道を暗示かと、警戒しながらことにあたっても良いところだ。

放れて陰の丸坊主、下げ三本のあとの陽線が寄り切り線。下げ過程の寄り切り線は下値の暗示とあって、目先反発となったものの、陽線三本を抱く長大陰線（大黒線）では、目先反発してもさしたることのないのが普通。果たして、三週目、カブセられて再び下げに入ってしまった。

その後三週の上げ、二週下げて一五三〇円と反発したが、一五六〇円をつけたカブセ線を上抜けば、高値を上抜くまではともかく、案外な戻り相場がみられたかも知れない。現実には陽の寄り切り線ながらカブセを上抜けず翌週の陰の寄り切り線で下げ決定となった。

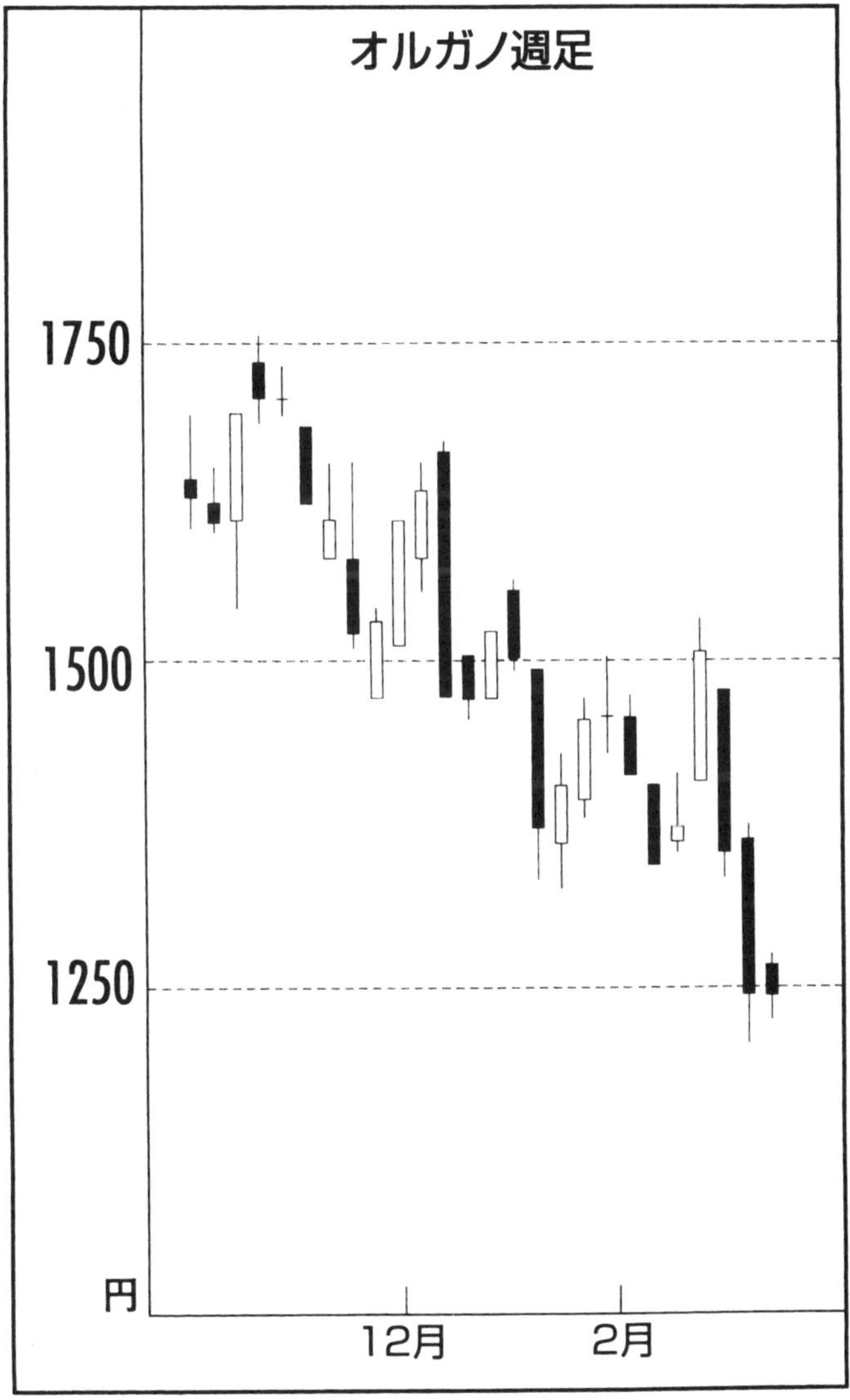
オルガノ週足
1750
1500
1250
円
12月
2月

日本車輌製造（7102）

日本車両の足は、九週目の長大陰線まで高値もみあいに終始しているが、注目点は六週目、八週目の寄せ線。攻防の分岐あるいは来るべき天底の暗示とされるものだ。寄せ線は一般に、形から十字線、攻防の分岐という面で気迷い線ともされているもの。

九週目は攻防の分岐〝寄せ線〟をうけての長大陰線となったが、次が下影長い寄せ線と陽線がタクッて反発した。

高値もみあいが続き、嫌気の売りやとりあえず利をいれておこうという向きの売り物が殺到、大きく下放れたものの、押し目待ちの買い物も多く、相場はまだ終わっていなかったということだろう。市場の心理は敏感なもの、それが寄せ線として現れたともいえる。上影下影の長い波乱状態は売り買いともに少し腰を引いた上での攻防ともいえるが、四週を経て五週目の陰線で、しっかり陽線を抱いたところが、一つのポイント。

その後の戻り高値は実体のない寄せ線。次いで俗にいう丸坊主は弱気になっても仕方のない線。翌週、しっかり陽線を〝はらん〟でその翌週が陰線では、相場見送りとされるところだ。最後は三羽烏形成濃厚となった。

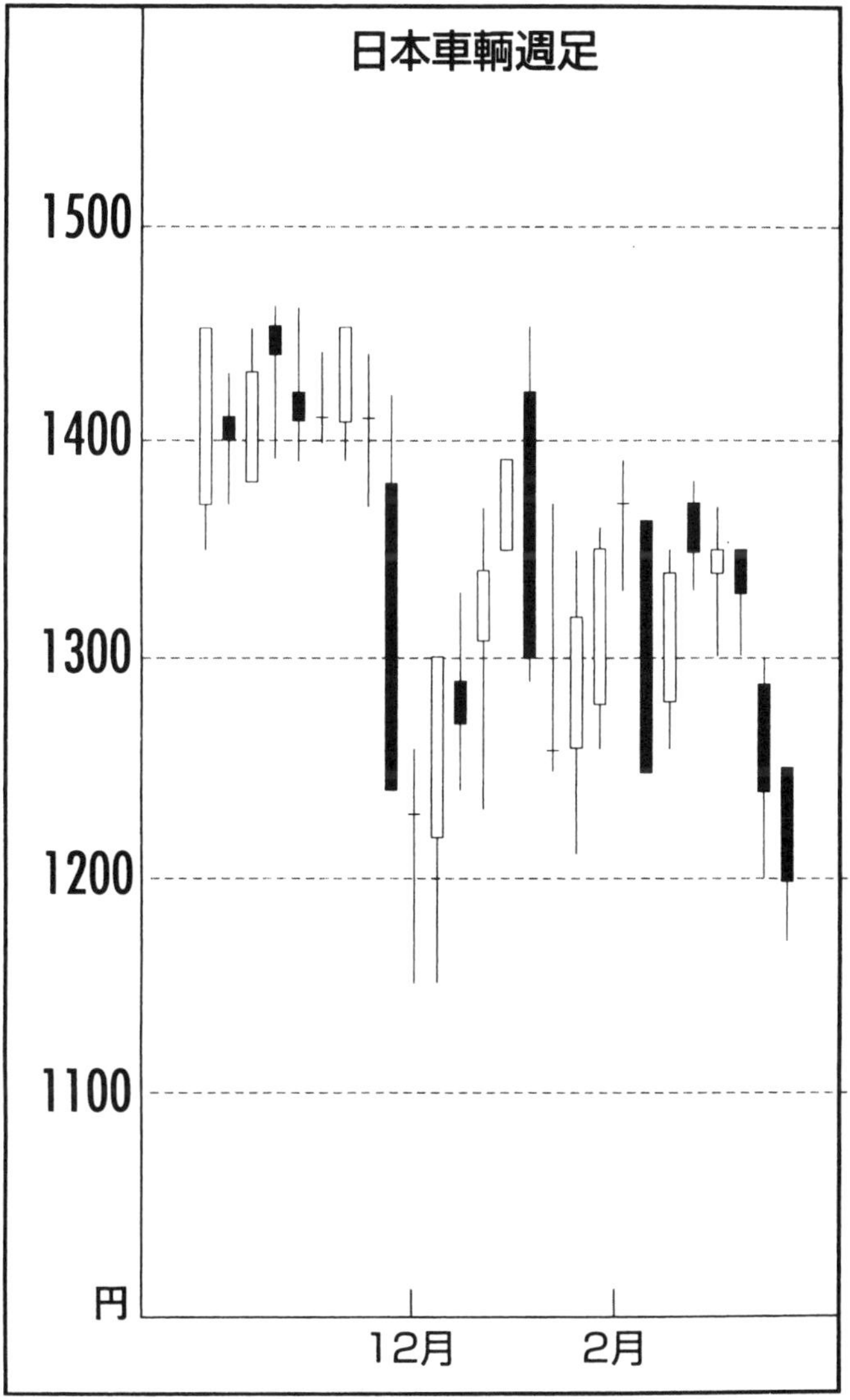
日本車輌週足
1500
1400
1300
1200
1100
円
12月
2月

三菱銀行

01年4月より三菱UFJフィナンシャル・グループに統合

銀行株は、一時、市場の悪役視された株。軒並み値を下げたものだ。市場全体の動きによると片づけるのがチャート無用論者のいい分だが、チャートの立場からみれば、これもなかなか示唆に富んだチャートである。

三菱銀行の足は、いわゆる団子天井といわれる形。酒田秘法では、カブセか下放れを注意すべし、という。

八週目が下放れた陽線、そして連続線の出現だ。ここでは、三手と五手、さらに八手——十手は重要と教えている。四本下げて反発したものの、寄せ線を抱いて、次週は陰線、それも下放れてしまった。

抱き線も、寄せ線を抱いては仕方がない。悪いことには、下放れ二本黒の形成となってしまった。

下放れ二本黒は〝暴落の兆し〟といわれる形。次週、陽線をだしたものの、すかさず売り物をあびて、実体は小さいものの陰線に押さえこまれてしまう。二月中旬、二二〇〇円をつけた陽線は目先、反発も期待の勢力線といえるが、戻して寄せ線三本は、下放れ二本黒のあとだけに嫌味。まだ下がありそうだ。

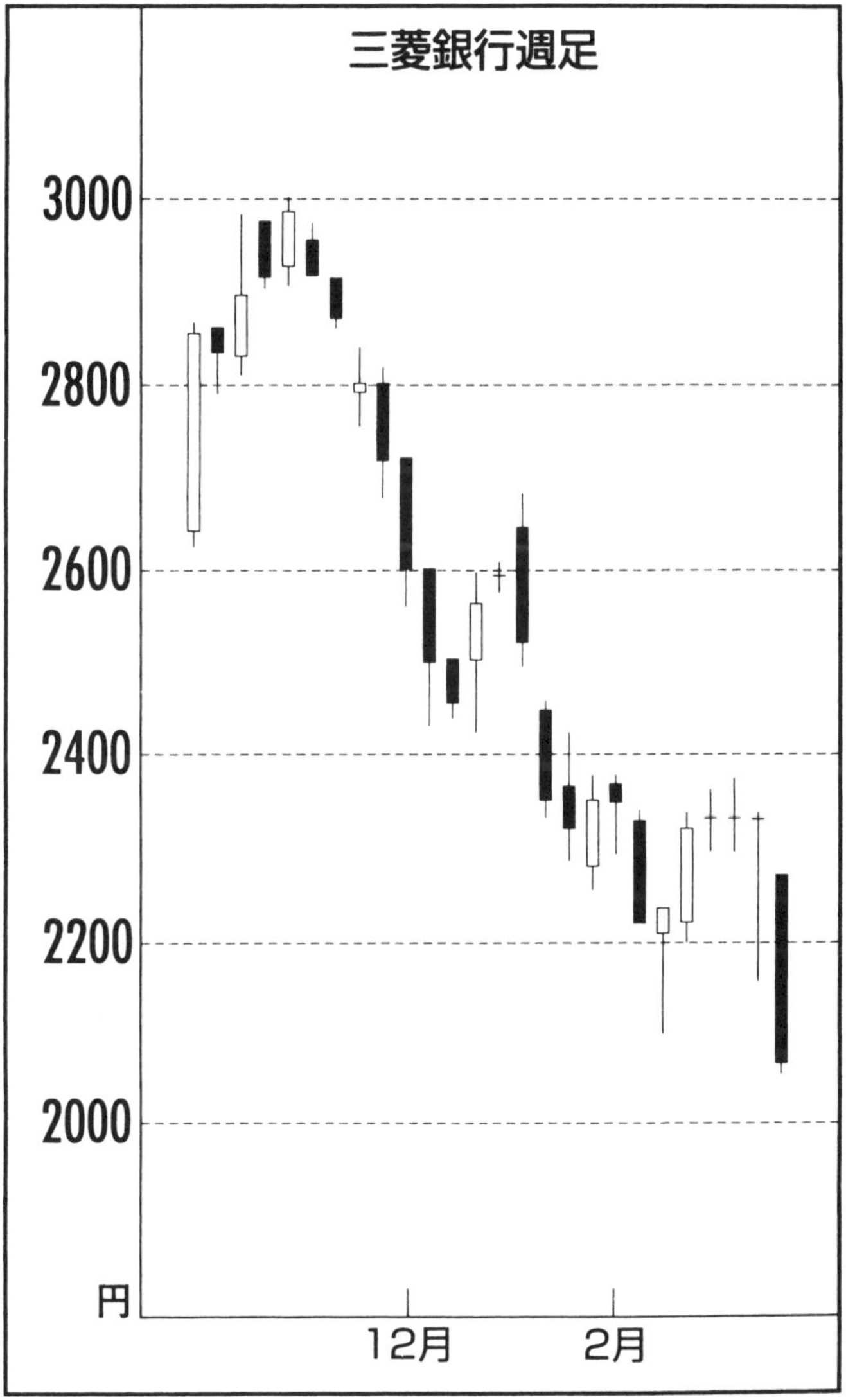
三菱銀行週足
3000
2800
2600
2400
2200
2000
円
12月
2月

前田道路（1883）

このチャートの一つの特徴はヒゲが長い点だ。特に、最初の足と三月三週の足は、実体が短かく下影が極度に長いこと。酒田秘法では〝タクリ線〟という。一カ月くらい後にでるのが本物とされる。どちらもその条件はみたしている。実体が短い時も長い時もあるが、いずれにしてもそれを大きく上回る下影の長さから、深い井戸に落ち込んだものを引き上げる（タクりあげる）勢力の発生を意味する。二月三週の足もこれに準じてよい。

同様の解釈は、六本目の寄せ線にもいえる。いずれも基本的なパターンを形成といってよいだろう。十一月後半の二本の足はほとんど、最後の抱き線といえる。後半に入って波高き線（終わりから五本目）の出現から反落となっているが、これが最後の抱き線とみられる前述の足を上抜いていれば、相場はおもしろかった。

中間、下げに入っての三本連続の陰線は、三羽烏だが、その次の寄せ線、さらに四本目の寄せ線が注目を必要とするところだった。寄せ線は酒田秘法で天底の暗示とされるし、転換線の名もある。波高き線の前の長大陽線は寄り切り線である。

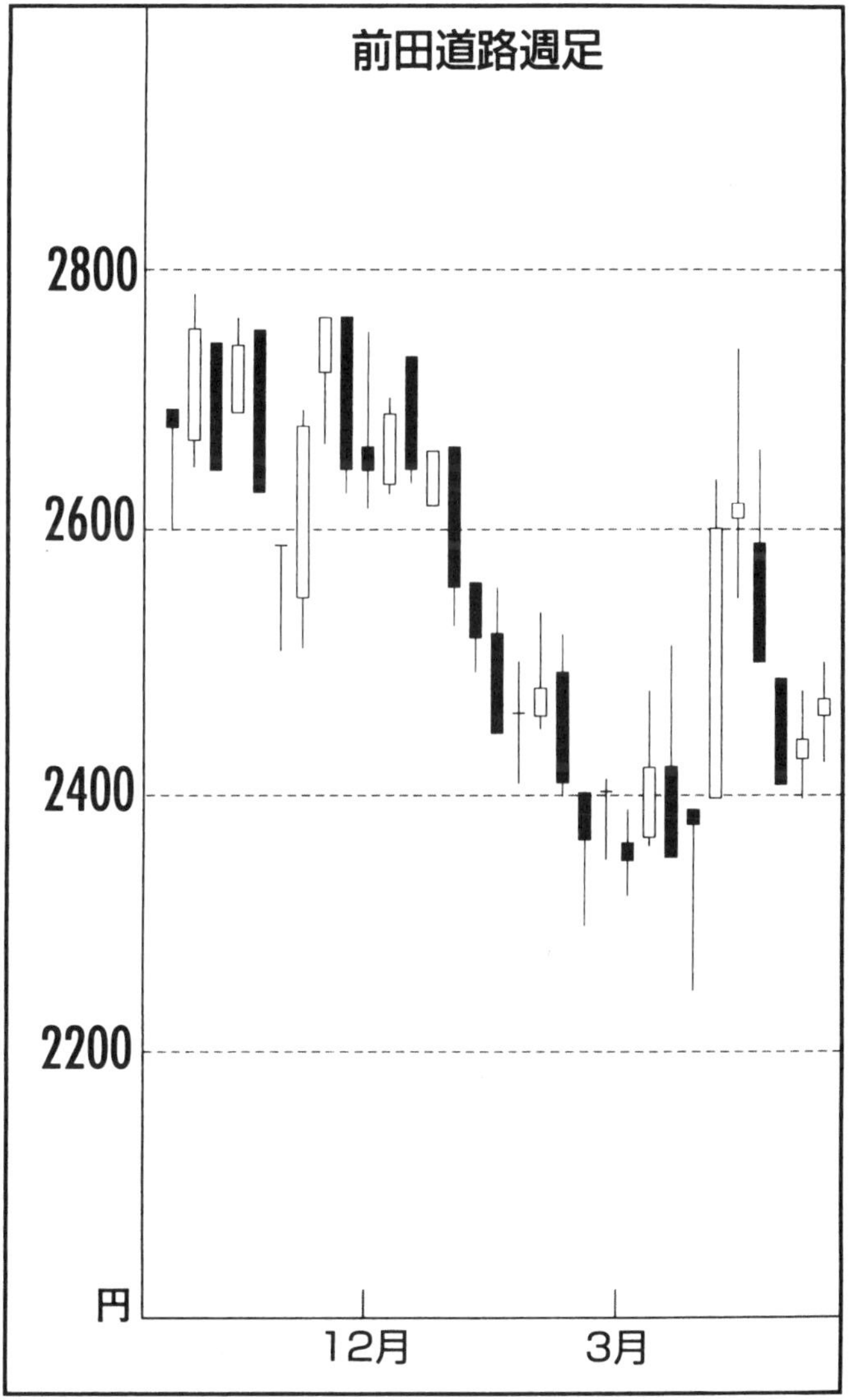
前田道路週足
2800
2600
2400
2200
円
12月
3月

日清製粉（2002）

現日清製粉グループ本社　01年7月持ち株会社に移行

チャートの六本目、俗にいう陰の寄り付き坊主、寄り切り線の出現は弱い場面の暗示だが、下影（ヒゲ）の短い点がすくい。翌日、陽線がスッポリ抱きこんで反発暗示となった。次週は定石通りの続伸だが陰線をはさんで寄せ線である。次の陽線は強気というわけにはいかない。案の定、再び転換を示す寄せ線がでて大幅安となっている。

その後の三〜四週二本の足は抱きに準じる、とすれば、上伸を期待するところ。利食いをふるいおとして陽線二本を出したあと、空をあけて三本の陽線となった。放れ三手、上伸五本で、なにはなくとも一応は様子をみるところだろう。特に陽線五本目は行き詰まり線に近いから要注意。

この株は三月、株式分割があり、人気はこれが背景にあったのだが、いずれにしても当面は人気沈静のチャート形成だ。そうなれば次の買い場は〝押し、戻りは空まで〟、一一七〇円以下ということになる。一一〇〇円までタタいて次週の陽線をはらみ、戻り足ということになった。最後の二本は陽の陰はらみ、次週をみて行動とおしえているが、はらまれた陰線は寄り切り線、嫌味な感じである。

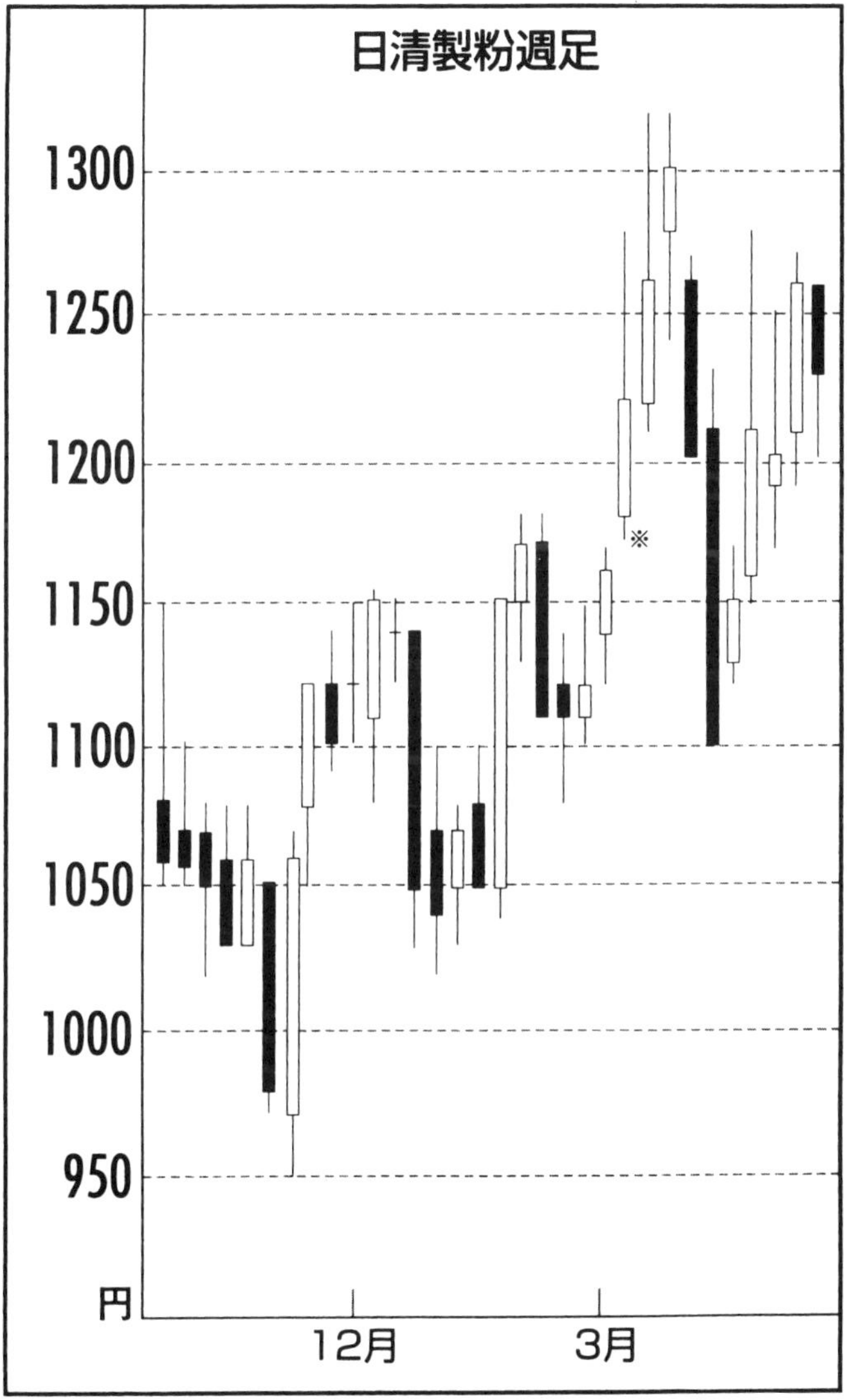
日清製粉週足
1300
1250
1200
1150
1100
1050
1000
950
円
※
12月
3月

日本農産工業

現在は非公開企業

農産工は下げて反発後は三月までもみあい圏内、ようやく離れて上伸の動きとなったがもみあいが長いだけに、これも極線が多いチャートになった。陰陽ほぼ同じ長さで並んだケースが三カ所、並び赤または並び黒とちがい格別な教えはないが、眼はそらさないがいいだろう。

三月二週の離れは空。次いで俗にいう足長の寄せ線、翌週もし突っ込んでしまうとほとんど捨て子形成になるところだが、これは余談。最後の足、離れて寄りつきとなったが連続しての足がより好ましい。

鐘淵化学工業（4118）現 カネカ

ボックス圏内の動きを続けて六カ月、やっと離れたあと五月七日の七〇五円まで、一気にはしったのが鐘淵化学の足。もみあいが長いだけに極線がやたらに多いチャートである。ちなみに、ヒゲのないものは俗に〝坊主〟、上下のヒゲがあるものを〝コマ〟、寄せ線のヒゲ短かきものを〝トンボ〟という。

離れて四手、次に波高き陰線が圧迫したが終わりから二本目の陽線が陰線三本をつつみこむような形で示現、当面の整理をくいとめることになった。最後のホシは、ちょっと気になるところ。

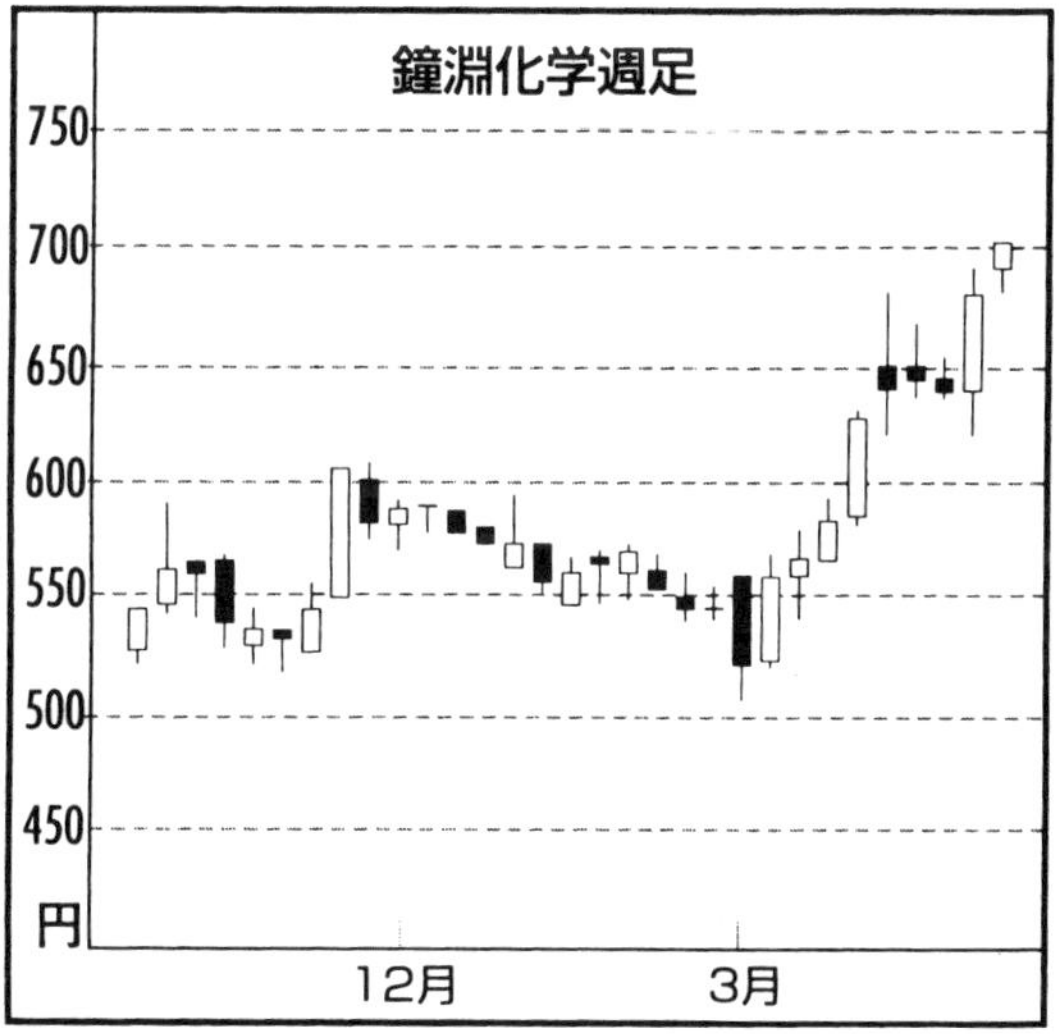

林兼産業（2286）

長いもみあいを抜けて上伸したケース。上伸までのもみあいも、よくみると酒田五法にいう〝三川〟に準じる、とすれば上伸後の動きはかなり大きいものが期待されるわけだがチャートはそれを見事に証明したものとなっている。

上伸に入っての足どりは、陽線六本だが最後の長大陽線が気がかり。下位においての長大陽線は案内棒の呼び名もある通り、目先の転換を意味することが多いが、バケ線の場合も、往々にして見受けられる。ひるがえって上位の長大陽線は、買い気が一気に爆発したことを意味するから、警戒だけはしておく方が無難。

その態度があれば翌日の長大陰線でも抜けるには、さして苦労はなかったはずだ。この長大陰線は、前日の長大陽線にかぶった形。酒田ケイ線にいう〝カブセ線〟である。このカブセ線、低位であれば傷をうけても小さいケースが多いが、相場が「相当に上伸したところに出現すれば〝ドテン売り越し〟を敢行する急所」とされるから注意したい。株価倍増のこのチャート、教本通りの動きと考えてよい。

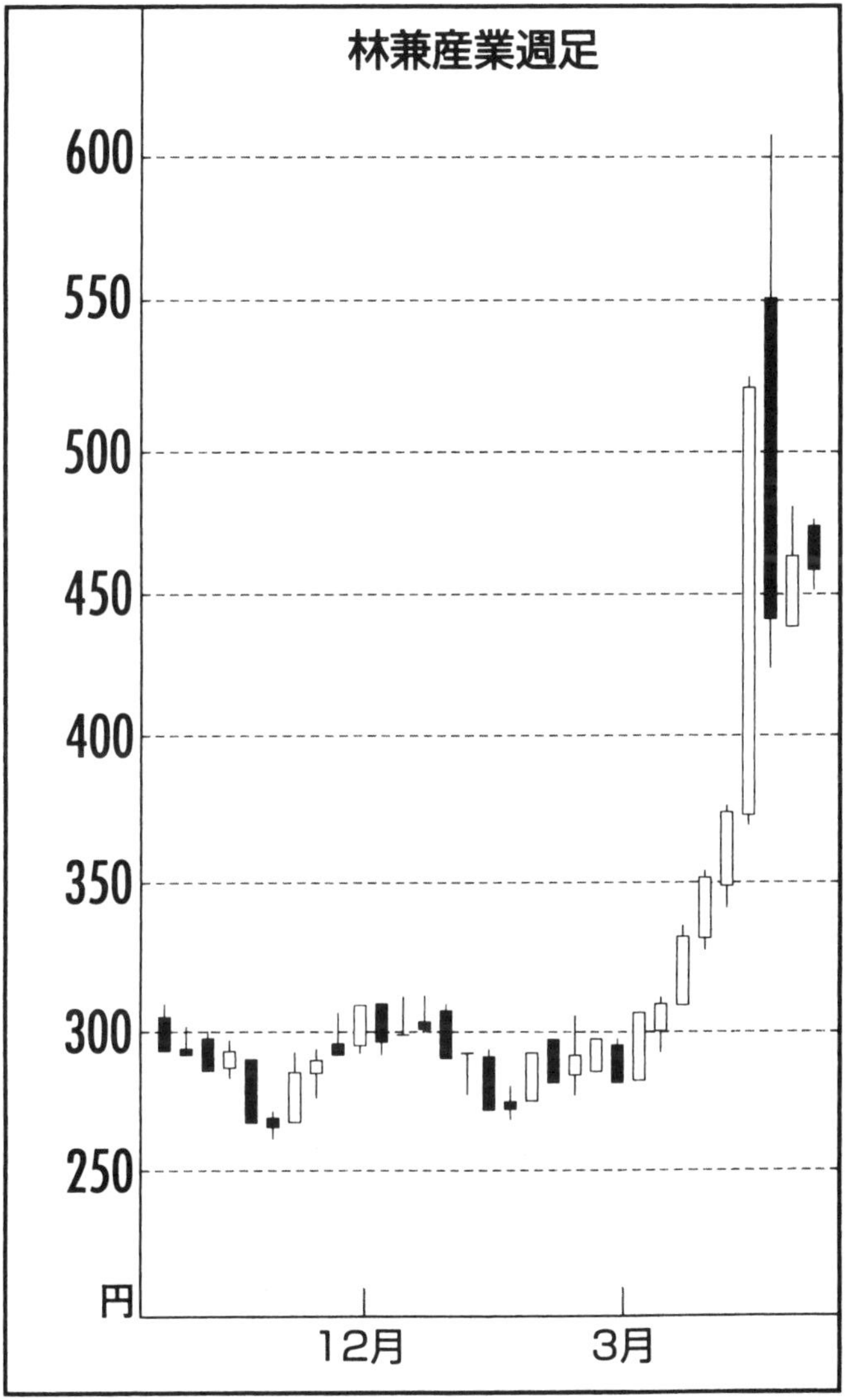
林兼産業週足
600
550
500
450
400
350
300
250
円
12月
3月

日清紡（3105）現 日清紡ホールディングス

日清紡のチャートはコマをだしたあと五手にわたって反落。押しは三手または五手の形である。五本目の陰線を陽線が抱いた格好となったが、下位の抱きは〝底の表示〟と知れという。

しかし、二本目の陽線は上値遊びに準じるとみられる点、なかなか上伸への道は遠いのかも知れない。一月の安値まで陰線四本、次の陽線は、押え込み。翌日上放れの前提とはいえ、買いも可なりと微妙ないいまわしが問題だが、結果は小すくいなら……ということに終わっている。二月の実体短かく、ヒゲの長い足は〝波高き線〟。

ほぼ七カ月、一〇〇円幅での動きが続いたが、大きくみればこれは〝ボックス〟でありゾーン内でのもみあい相場。もみあいが長ければ上が大きいのは通常のこと。空をあけて一〇七〇円をつけたが、次の高値をつけた足が問題だった。押え込む形での寄せ線では当然の見送り。一本陰線をいれて陽線も、スカサズ〝カブセ〟られては少くとも目先の妙味にはとぼしい。押しは空までにしたがえば次の買い水準は、九七〇円以下。それまでは急変あればともあれ、じっと待つところ。

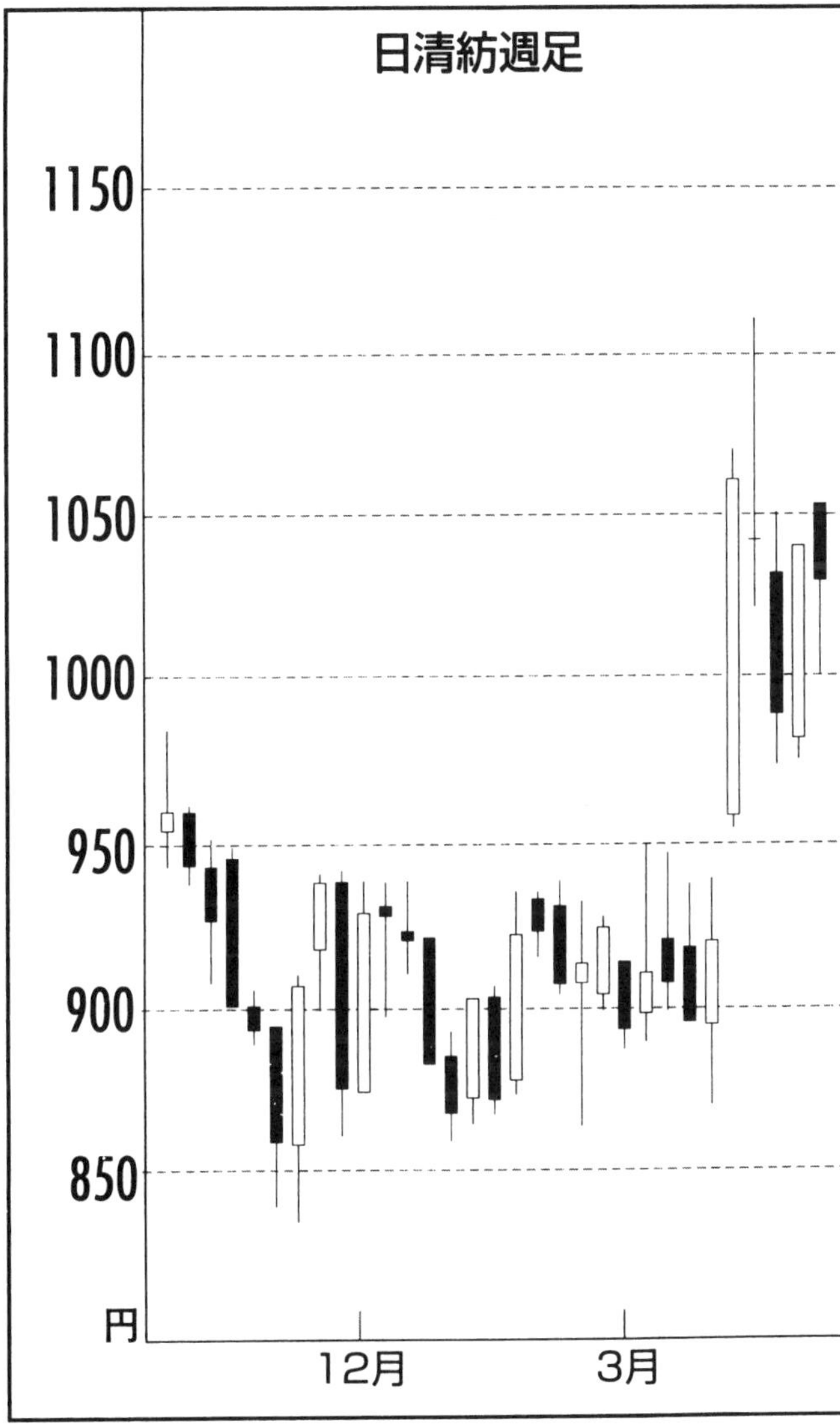
日清紡週足
1150
1100
1050
1000
950
900
850
円
12月
3月

クラレ（3405）

波高き線、寄せ線、寄り切り線の多いチャートである。二本目の足が足長の寄せ線。転換を意味する線でもあって、整理に入ったあと四本の陰線となっている。

四本目の陰線は空をあけてのもの、しかも寄り切り線、俗にいう陰の寄り付き坊主。弱さを暗示する線というものの、大黒で空をあけたことから四本の陰線出現で目先は…という動きがまさった。押し戻りは空までといっても、ここは下値でのこと。スンナリ埋めて、十二月高値をつけることになった。

以後はキレイに三羽烏の形成、次の実体小さく上ヒゲ長い足は、上値期待を持たせることが多い。一本おいて下ヒゲのみの寄せ線は逆ならトウバといわれるもの。タクリ線と同様に、引き上げる意味がある。ヒゲが長いだけに期待感がつのろう。

約十五週にわたってのボックス圏から抜けたのは、終わりから逆のぼって九本目の足。二本の寄せ線で足踏みしたあと、意外に強い陰線をみて、一気に上伸した。二本の陽線のあと陰線をはらんだが、長大陽線に短い陰線のはらみは上伸力、もはや薄い証拠か。目先整理は仕方ない。

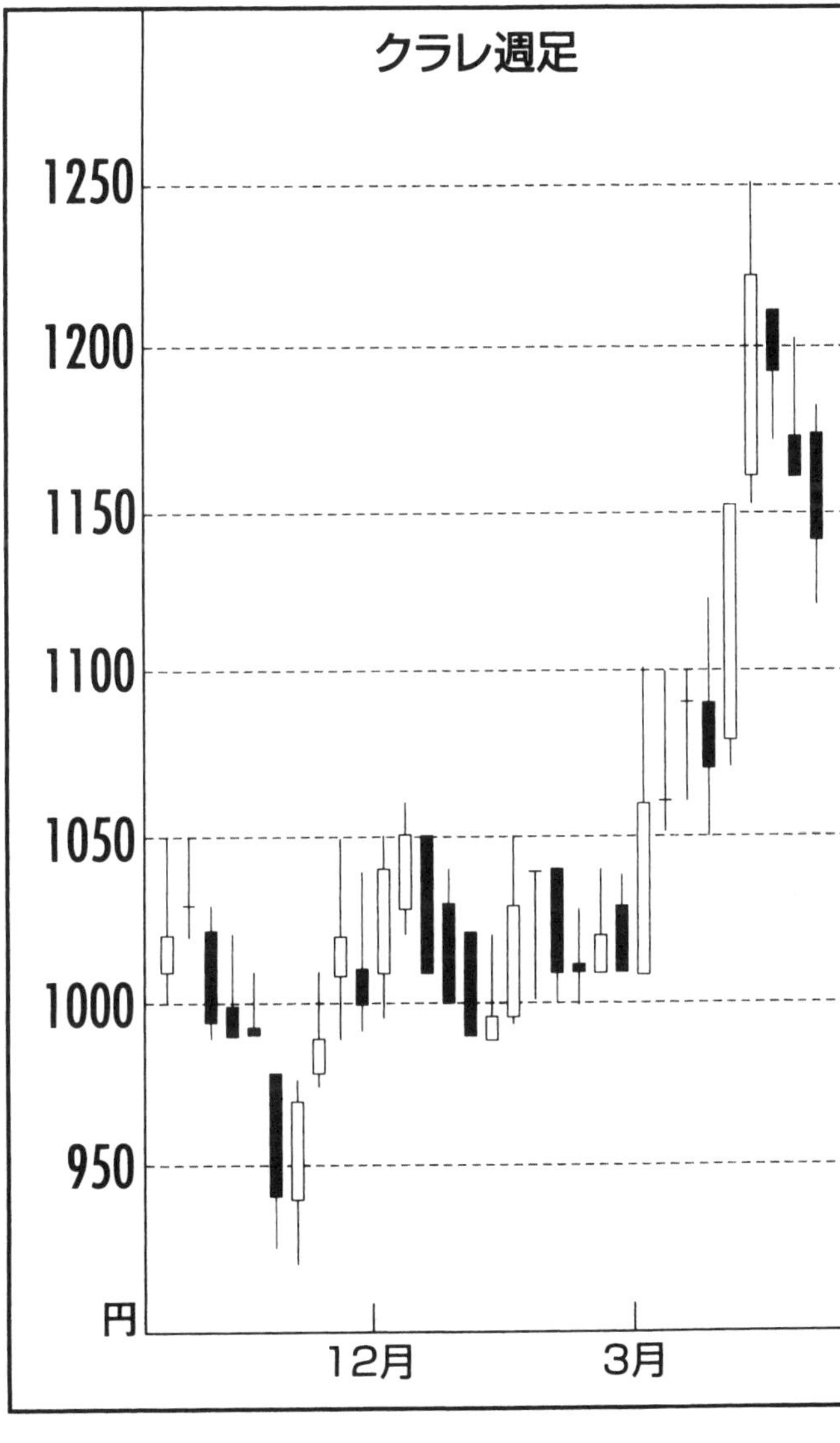
クラレ週足
1250
1200
1150
1100
1050
1000
950
円
12月
3月

東亞合成（4045）

東亞合成は約四カ月の大モミから離脱して大きく位どころをかえている。酒田ケイ線からみる狙い場は二カ所。その一つは、十二月最終週と一月最初の週の二本の足。

陰の陰はらみを形成するところだった。ここが、まず注意する一点。陽線をはさんでの寄せ線で、いずれは転換と考えられるが、転換は反落のケースも考えてよいところだろう。かなりの経験のいるところだ。

第二の注意点は転換線のあと、陽線二本をはさんで陰線が寄せ線をはらんだこと。酒田ケイ線にいう〝はらみ寄せ線〟である。本来は下げ相場における（あるいは上げ相場）例だが、大きくは整理商状とあって下位での実現。買い転換である。あとはチャートでみる通り、実体短い陰線二本をはさみながら十本の陽線を示現した。最後の陽線は七連続、新値八手で買い玉は半数退陣、十手で全部利食い。十一手の新値あれば、多少の売りを試みるもよしが教えだから、おぼえておくが得策だろう。おのずから利食い場が浮かんでくる。

この場合、途中の一手、二手のアヤは無視してよい。この戦法は、高値売ろう、安値買おうは損の元とも相い通じる。

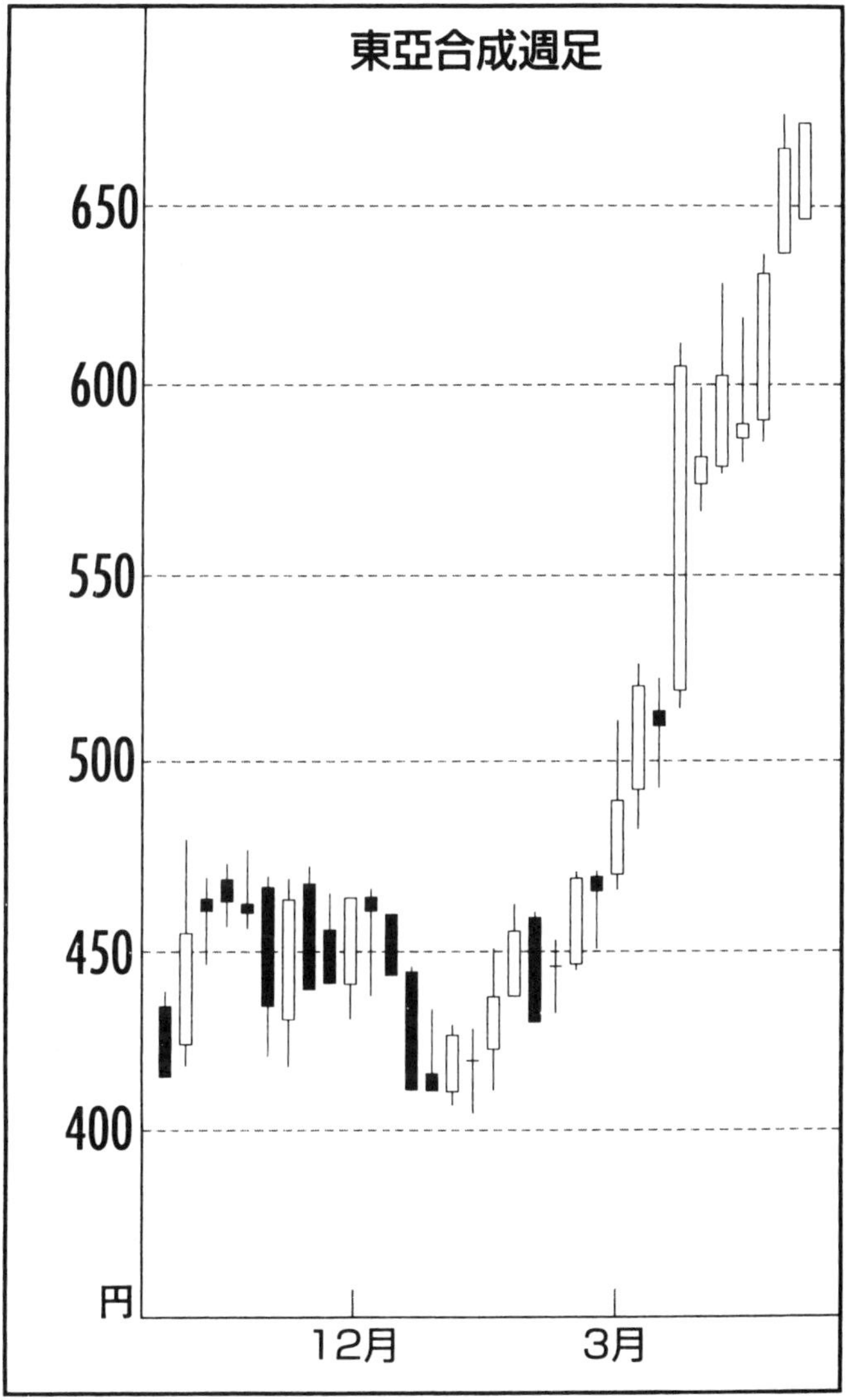
東亞合成週足
650
600
550
500
450
400
円
12月
3月

東芝セラミックス　現在は非公開企業

七本目の足はタクリ線とみていいだろう。ヒゲがもう少し長ければ申し分ない。タクリは深い井戸から引き上げる意、反発を期待する足である。さらに進んで七本目、十本目は上伸期待の寄り切り線。陽線だからもちろんのこと〝陽の寄り付き坊主〟と俗にいう。

反発すれば整理が入るのは、株式の常。陽線一本はさみながら陰線三本で一段落だが、それがはっきりしたのは次の陽線。前週の陰線をしっかり抱きこんだ。俗に〝ツツミ〟という抱き線である。下ででれば底値暗示という線である。次の陰線、陽線の高値を上抜く高寄りなら、カブセとなるところだった。

再び、陽線に抱かれて、上を暗示を再確認することになった。三兵に準じる上伸後、カタに乗ったホシは、目先の整理やもみあいに入るところに多くでる。続いてでるようなら二ツ星・三ツ星の形となる。

陰線二本のあと、再度、高値に挑戦の動きとなったが、最後の足、放れての寄りつきから、警戒感がでてくるところ。強そうでさにあらず。といって反落への動きともならないのが、こうした足には比較的多くみられる。しばらくは、高値もみに入るのだろう。

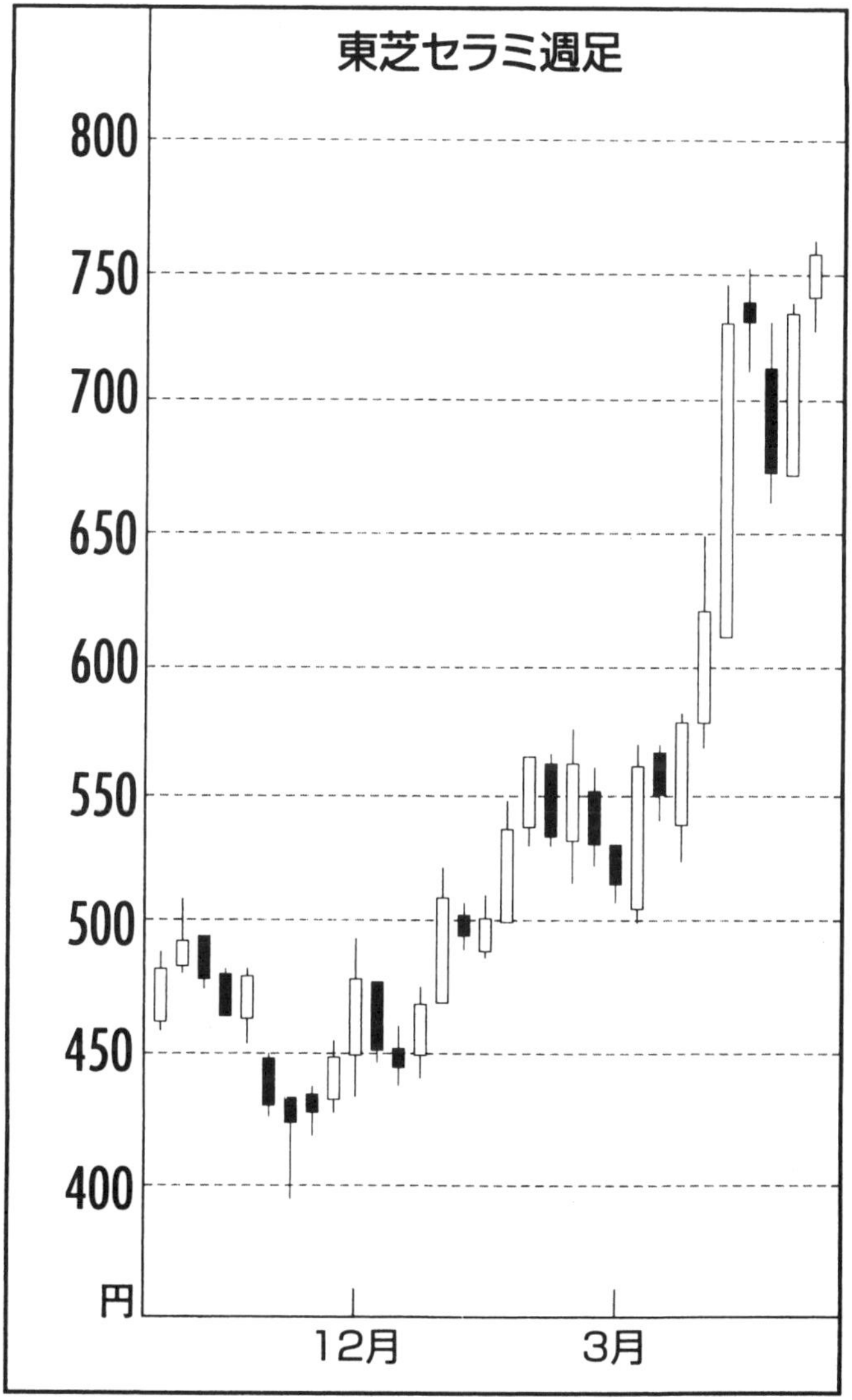
東芝セラミ週足
800
750
700
650
600
550
500
450
400
円
12月
3月

昭和電線（5805）現　昭和電線ホールディングス

一月十二日の四六〇円から、三月二日の七四六円までかけのぼった足。中間のアヤは無視してもいいが、新値八、十手は酒田の体の骨子なり。これを忘れてはならない。

万一、十一手の新値ある時は多少の売りを試みてもよいといわれるから、警戒十分に値動きをみておかねばならない。翌週はらんで次が陽線、問題は四月末の大赤線（長大陽線）が前週の陰線を抱いてしまったこと。最後の抱き線は天井表示、それも心中ものといわれるだけに、先行きは暗雲か…。最後の極線がはなれてでている。俗に明けの明星というもの。ひるがえって九本目のカブセは下げ足のカブセということになろうか…。

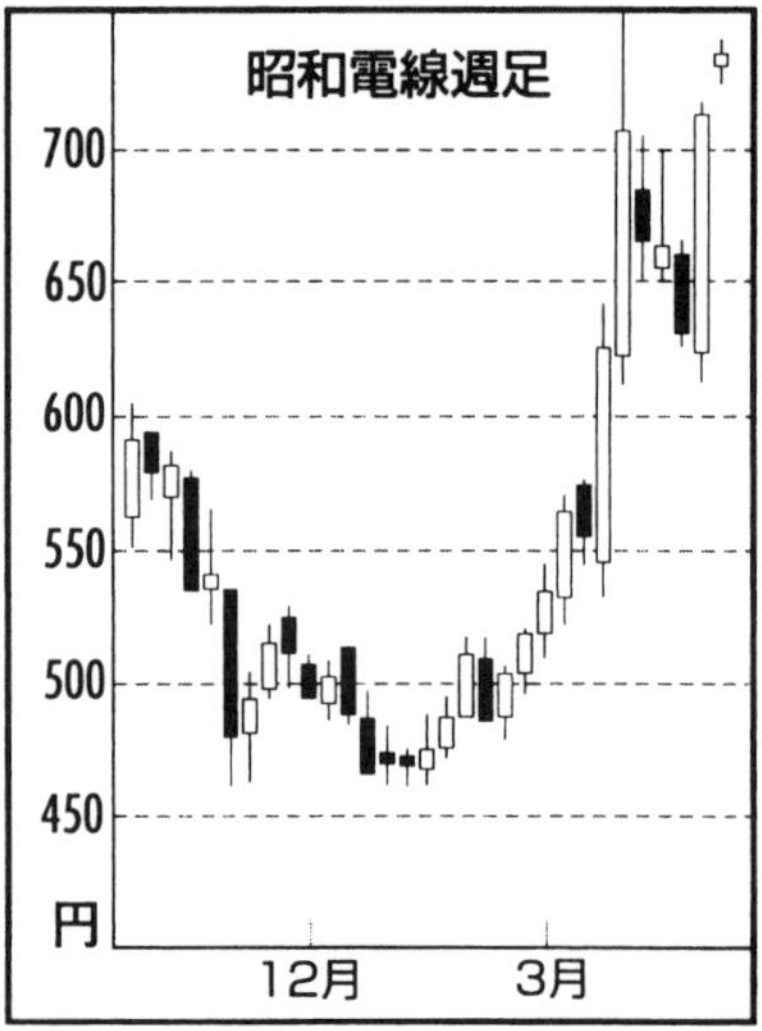

東芝（6502）

一押しいれて反転、十二月二十一日の六五四円まで続伸、逆転して二月二十三日に五五五円、その後は四月三十日の七七八円まで上伸したチャート。

三本目の陰線を抑さえこむ形で陽線がでて八本の上伸。九本目はカブセ線。十一本（陽線二本含む）の反落で、大赤線がでたがこれは押さえ込み。あと五本の上伸で、極線がカタにのってしまった。新値八、十手や三手、五手を参照してもらいたい。

最後の二本は〝はらみ〟足。変化の前提といわれるもので、ここは次の足の陰陽をみることになるが、その前二本の極線でヒヤリとさせた後だけに懸念の足になりかねない。

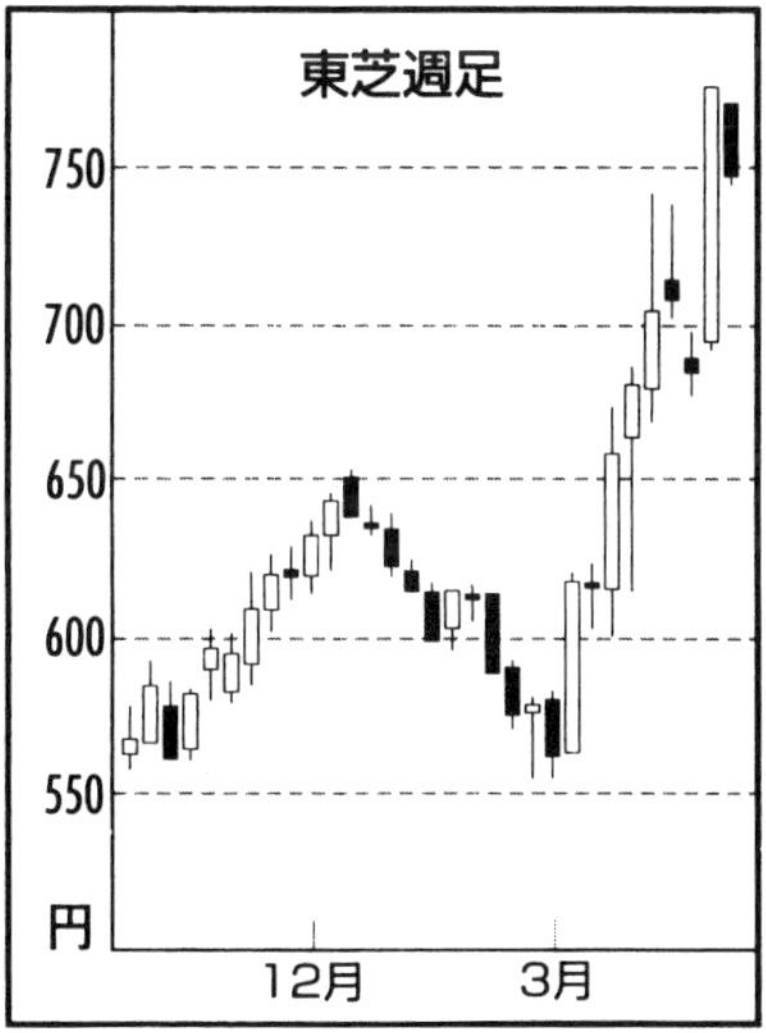

三菱自動車（7211）　日立造船（7004）

三菱自工は波高き線ながら下位とあって三本の陽線をいれたが、本格的な動きとはいえない。四本目の極線がほとんどはらんでアヤ押し。その後、大赤線がでたもののカブセられて反落に入った。

　陽線三本をはさんで十二本、極線が主であるところに注目。陽線一本のあと陰線、もし陰線が続くと陽線は化け線になりかねないところ。反転して二本の陽線だが、二本目が超のつく大赤線。一気に吐き出したエネルギーを示す。三本の陰線をいれて四本目が陽線。すかさず〃カブセ〃られて先行きを暗示。もっとも陽線が高値を上抜くものなら話は別（九十五頁参照）。

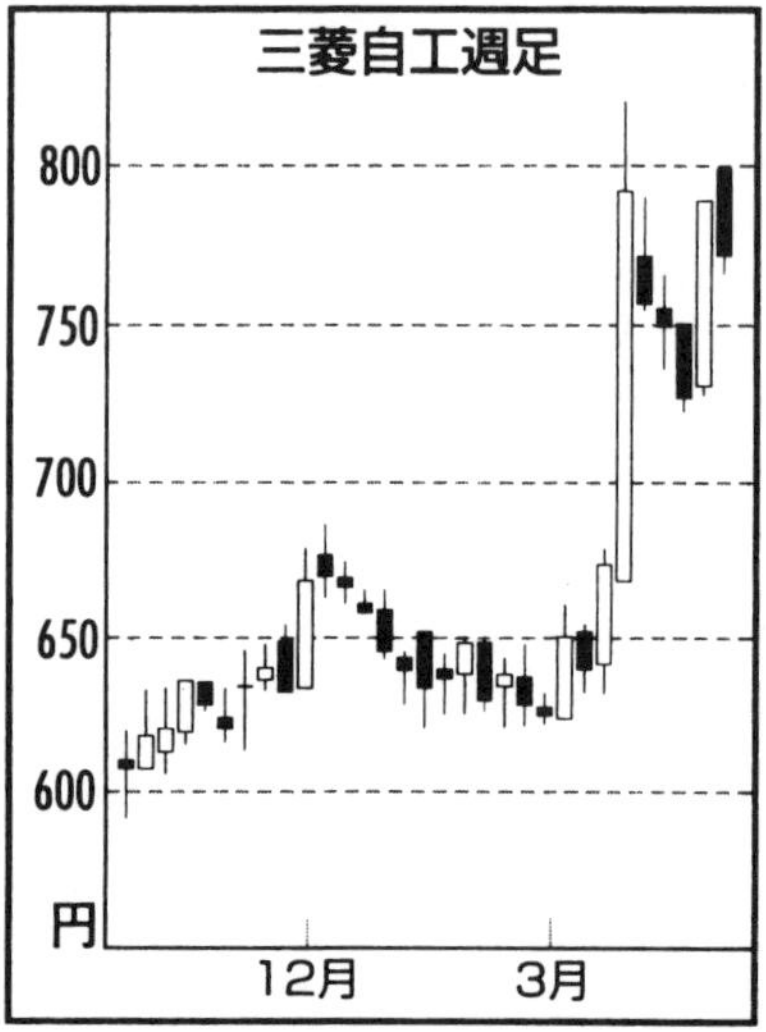

日立造船も三菱自工と同様に極線の多いチャート。二本目、陰線がカタに乗ってはつらい。四本下げて五本目の陰線を陽線が抱いた（俗につつみ足という）が、下部の抱きは底といいながら極線にカブられて九本の下げ足となった。この辺がケイ線の泣きどころ。経験が必要なゆえんだ。

次の陽線は、アヤ戻しのようなもの。化け線と思いがちだが、そうではない。陰線がもっと下からでてこなければいけない。それに、〝化け線は一本と知れ〟である。後半は波高き線の多い展開、最後から五本目は売り買いさくそう場面がヒゲに表示されている。四本の上げが、ヒゲの長い陰線をつくりだした。

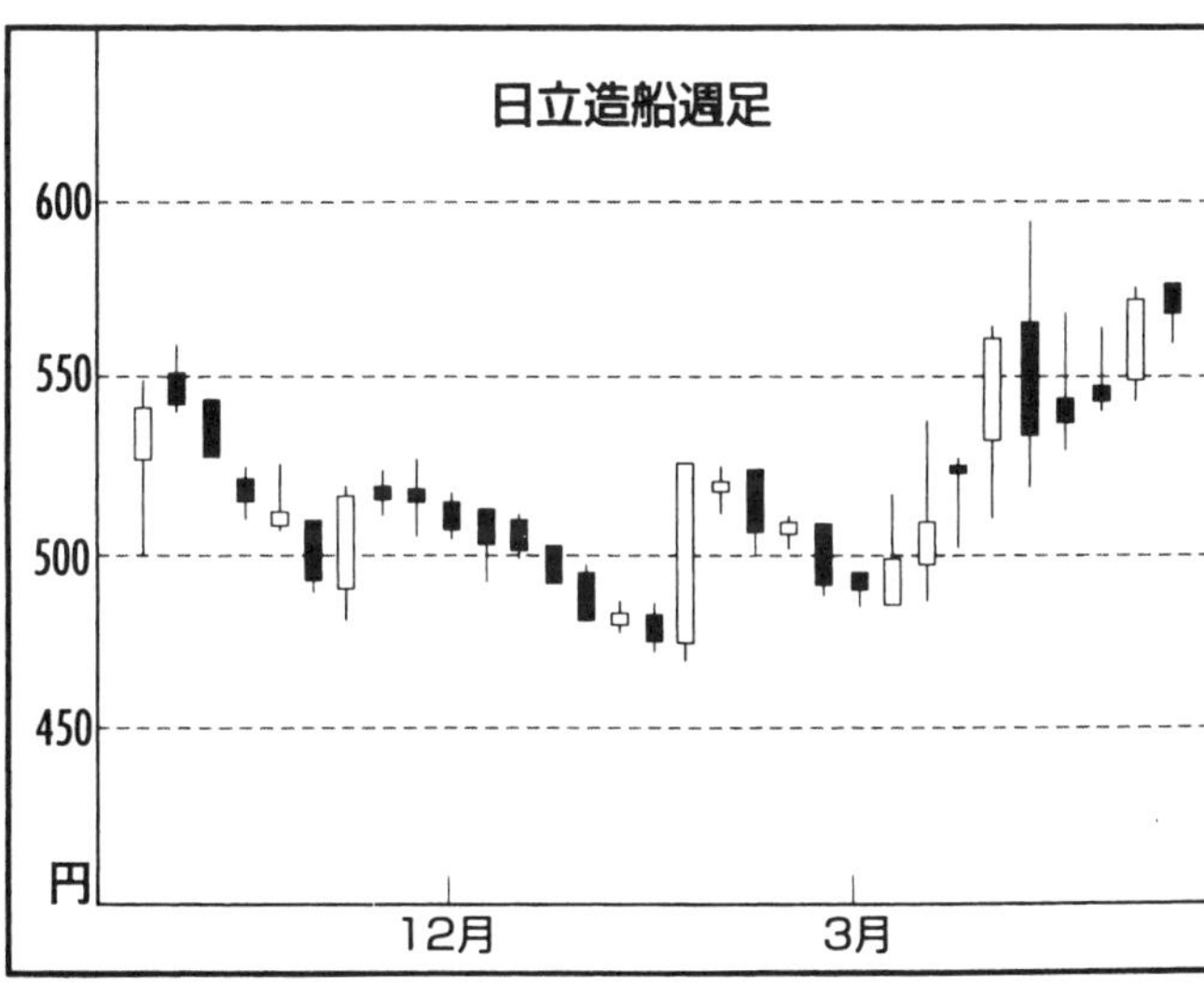

ＪＴ（2914）

鳴り物入りで平成六年（九四年）十月に株式公開したＪＴ（日本たばこ産業）。しかし、公開後の足取りは惨たんたるものであった。上場直後に一一一万円を記録した週こそ小幅陽線で終わったものの、翌週は大陰線をマーク。需給の崩れを示唆する足で、こうしたケースでは売り乗せが正解となる。その次の週足は大陰線に短い陽線がはらむ伸力乏しい形。ここでの小幅往来は「下降相場の中段もみ」となる、いわゆる下値遊びのパターン。相場の弱さは浮き彫りになった。

六年末に引いた陰線は「上放れの陰線」。追撃売りの急所になる。七年二月、安値七六万六〇〇〇円をつけた週に今度は差し込み線となる大陽線を引いたが、これは「下位の化け線」。逆向かい戦法を考えなければならない局面だ。

和式罫線では「傾斜法」と呼ぶ、米国流のトレンド分析とよく似た相場判読法があるが、ＪＴの場合、上場から七年夏場まで一貫して下降型の斜線（つまり下降トレンドライン）に値動きが圧迫されていた。そこを抜け出してから上昇エネルギーが発散されている。もっとも酒田罫線では、こうした分析手法はとらない。

さて、六月の七一万円で底を打ったJTだが、八月の大陽線をつけた直後に〝気迷いのコマ〟をつけるなど、まだ需給面でのシコリがうかがわれる。

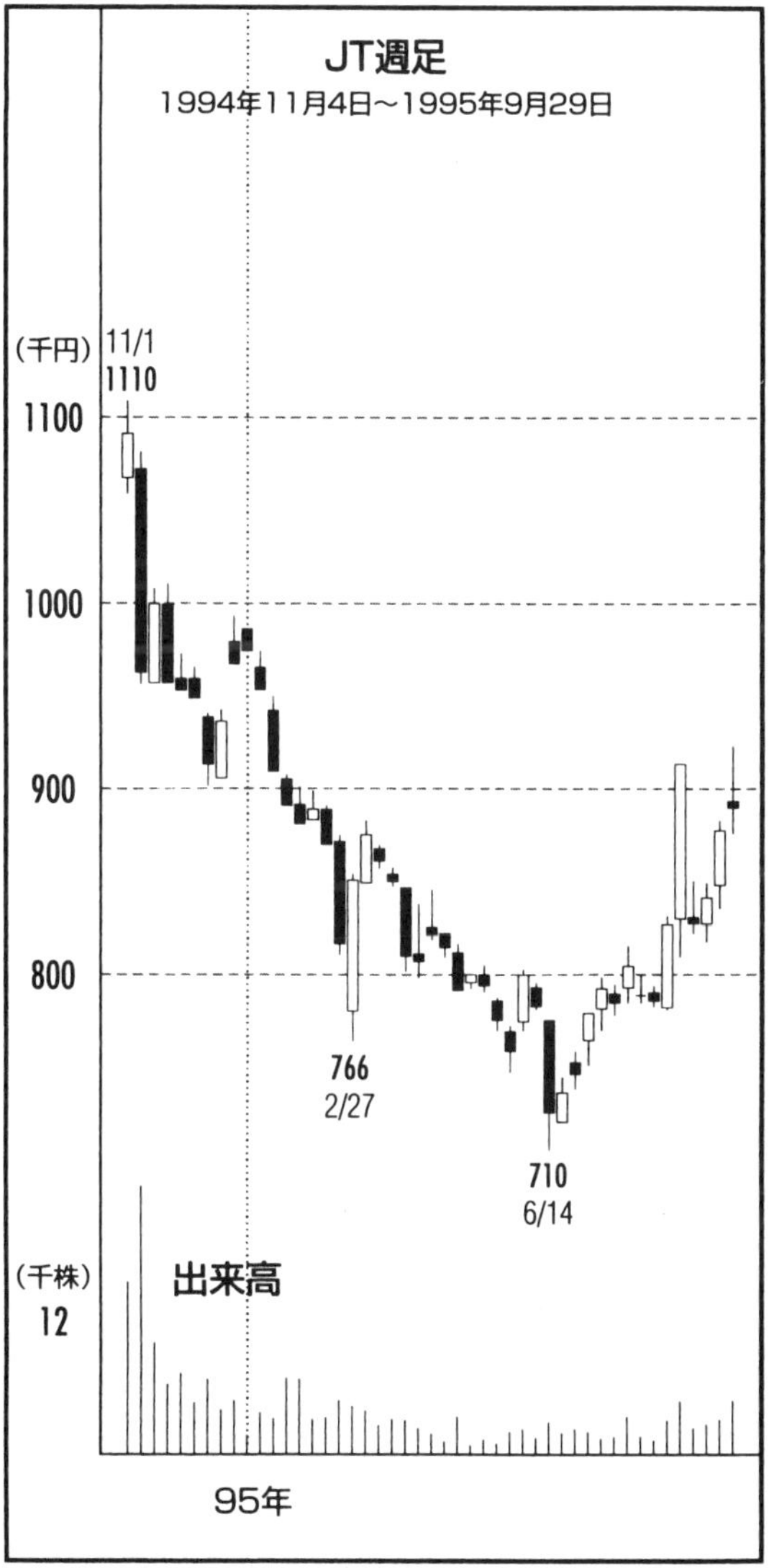

イトーヨーカ堂 現 セブン&アイ・ホールディングス

イトーヨーカ堂は寄り切り線をはさんで三本連続の陰線。あと、もみあい三週間のあとで抱き線の示現となった。俗にいうツツミ足は普通の場合、上位で長大陰線がでて前日の値幅（おおむね陰線）を包むときが天井表示。この逆が底入れ表示となる。九本目、長大陰線が、前日の陽線をすっぽり抱いたところがこれにあたる。

後半、上伸した株だから上位ではないのではないかとの疑問もでようが、上伸は年明けてから。この時点、二カ月の高値もみあい、つまり上位と考えればいい。もみあいながら、上下を模索するなかでの示現である。七週間の下げのうち最後は五本の連続陰線。三手、五手に照しあわせて、一応の買い場。

二本の陽線のあと上ヒゲ長い寄せ線の出現となれば翌週の足にしたがうところ。もっとも、このような場面で無理することもない。三手押しのあとの陽線につくことで十分だろう。以後、六本の足で高値をつけたが、最後の波高き線までの三本は、キレイな三兵の形ということになる。いずれにしても六本となれば、一応の警戒は必要。最後の二本は陽の陰はらみ。次線を待って決断の時。

イトーヨーカ堂週足
4500
4250
4000
3750
3500
3250
円
12月
3月

NTT（9432）

ＮＴＴは世界有数の株式会社。罫線愛好家にとって、その値動きはいつの時も興味深い。罫線は投資家心理の濃密な集成。個人投資家の熱い視線を一身に集めているＮＴＴは、その意味で投資家心理のシンボルストックといえる。

平成六年（九四年）九月初めに九三万三〇〇〇円の高値陽線を引き、翌週、今度は一転して同幅の陰線を記録したが、要するにこれは高値波乱のパターン。こうした局面では単純な押し目買い戦法は慎み、次の展開をじっくり見極めてからでも決して遅くない。高値示現後、四―五手の動きから分かるように上値に切り返すパワーに欠ける展開からは〝売り上がり〟の戦法が常道。

平成七年二月後半の六七万九〇〇〇円安値でボトムアウトしたが、そこでつけたのは前週の陰線をそっくり包み込む「下位の抱き線」。その翌週から再び三手押しのパターンとなったが、三―四月の連続陽線は底練りのエネルギーをうかがわせる。もっとも相場はその後、六月安値で、ほぼ〝行って来い〟になったが、そこからの足取りは軽二点底を確認しての出直りとあって腰は強い。

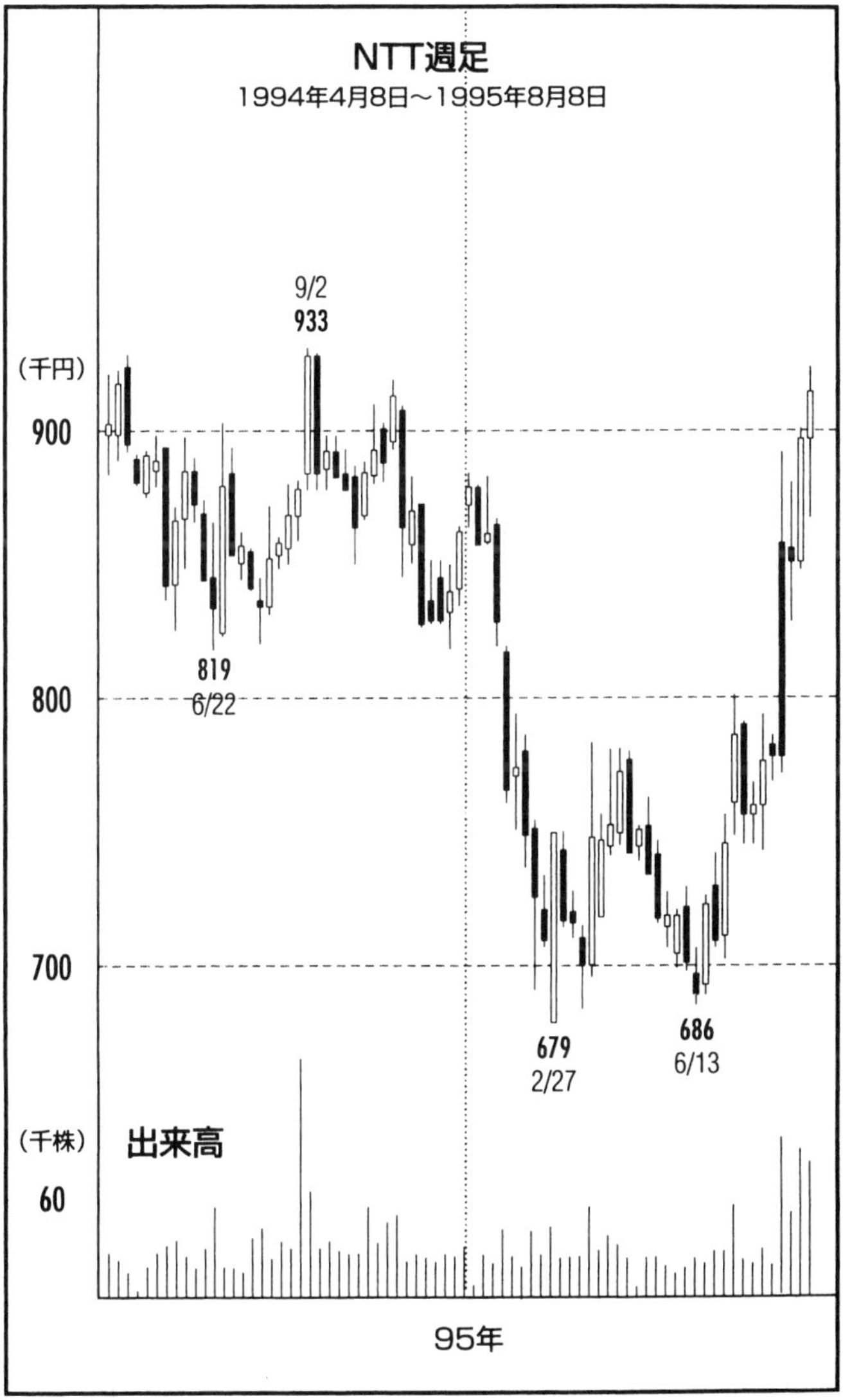
NTT週足
1994年4月8日～1995年8月8日
(千円)
900
800
700
9/2
933
819
6/22
679
2/27
686
6/13
(千株)
60
出来高
95年

キリンビール（２５０３）現 キリンホールディングス

成熟企業という銘柄イメージが強いせいか、医薬品絡みの有望材料を抱えているにもかかわらず、腰が重いのがキリン。需給面でのシコリも大きいようで、平成六年（九四年）以降の足取りをみても、一一〇〇円台―一二〇〇円台前後で執ようなまでの揉み合い相場を形成。いずれ、放れ相場がくる流れだ。

同年十一月の寄り引け同時線（トンボ）に続く陰線で一〇三〇円安値を叩き、ひとまず中間反騰に向かったものの、年末から年初にかけての伸び足はいかにも鈍い。ケイ線分析には〝木〟も〝森〟も大切。つまり、波動の総合的な強弱を冷静に見極めることが重要だ。四月初旬に九〇〇円安値をつける過程は、叩き込んでの底入れ型。安値をつけた足は、いわゆるタクリ足で、本来なら、かなり信頼性のある底入れ足パターンなのだが、その後の戻りもまた鈍く、七月に九〇〇円台割れをみたところで、ようやく大底打ちの感触が濃厚になった。とくに陽の抱き線を示現したあとの戻りテンポは従来になく軽快。こうして、四月と七月の両安値を二点底とする出直り相場への移行が有力になったわけだが、ケイ線上は一月の戻り高値一一三〇円が関門になる。

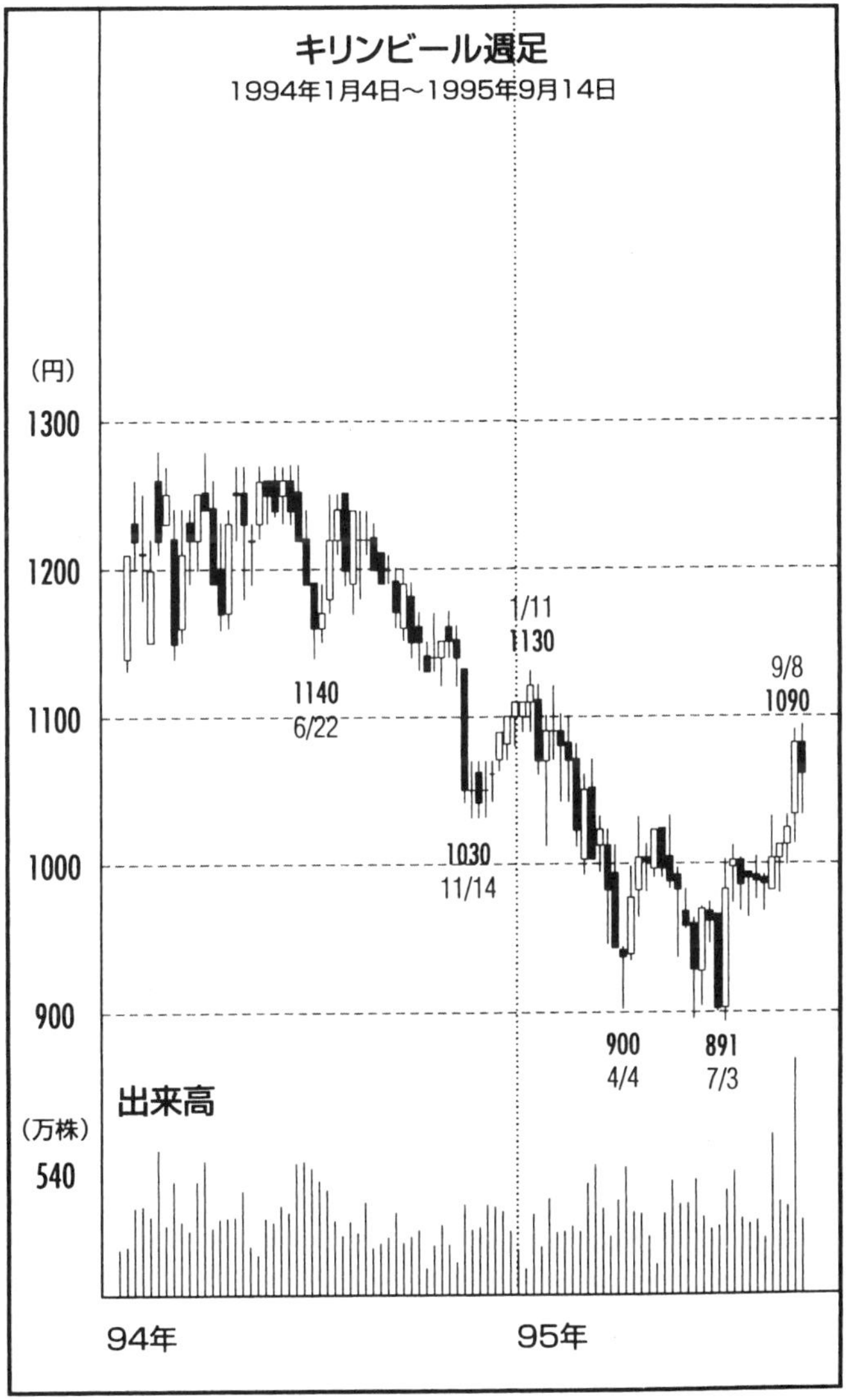
キリンビール週足
1994年1月4日～1995年9月14日
(円)
1300
1200
1100
1000
900
1140
6/22
1030
11/14
1/11
1130
900
4/4
891
7/3
9/8
1090
出来高
(万株)
540
94年
95年

クラリオン　現在は非公開企業

「短き寄せ線は分岐を意味し、長き寄せ線は変化を現す」という。大納会も間近い平成十四年(二〇〇二年)十二月二十六日と二十七日、比較的振幅の大きな寄せ線（寄引同事線）が2連続。なにやら変化の兆しが現れていた。相場が急変したのは翌十五年の大発会。いきなりの上寄り大陽線。年を跨いでの空（マド）となった。もっとも、約三ヶ月ぶりの新高値ではヤレヤレ売りも出やすい。その翌日は上寄り陰線のカブセ足。これが天井圏で現れたらドデン売りの急所だが、まだまだ若い相場、さらに翌日寄せ線が現れてあっさり売り物消化を印象づけた。

難しかったのが、一月二十二日につけた上下にヒゲの長い上放れ極小線。天井決定線である「捨て子」に近いが、翌日陰線の上ヒゲが重なっており、完全に縁が切れたわけではない。さらに陽線の切り返しには陰線のカブセ足。それも三本続いて三羽烏崩れ。どうやら天井か…と思わせたが、形勢を逆転したのが陰線四本の後に出現した大陽線。「抱きの一本立ち」という買い決定線だった。その後、上値で中段もみ三週間、再び新高値に進んでいる。

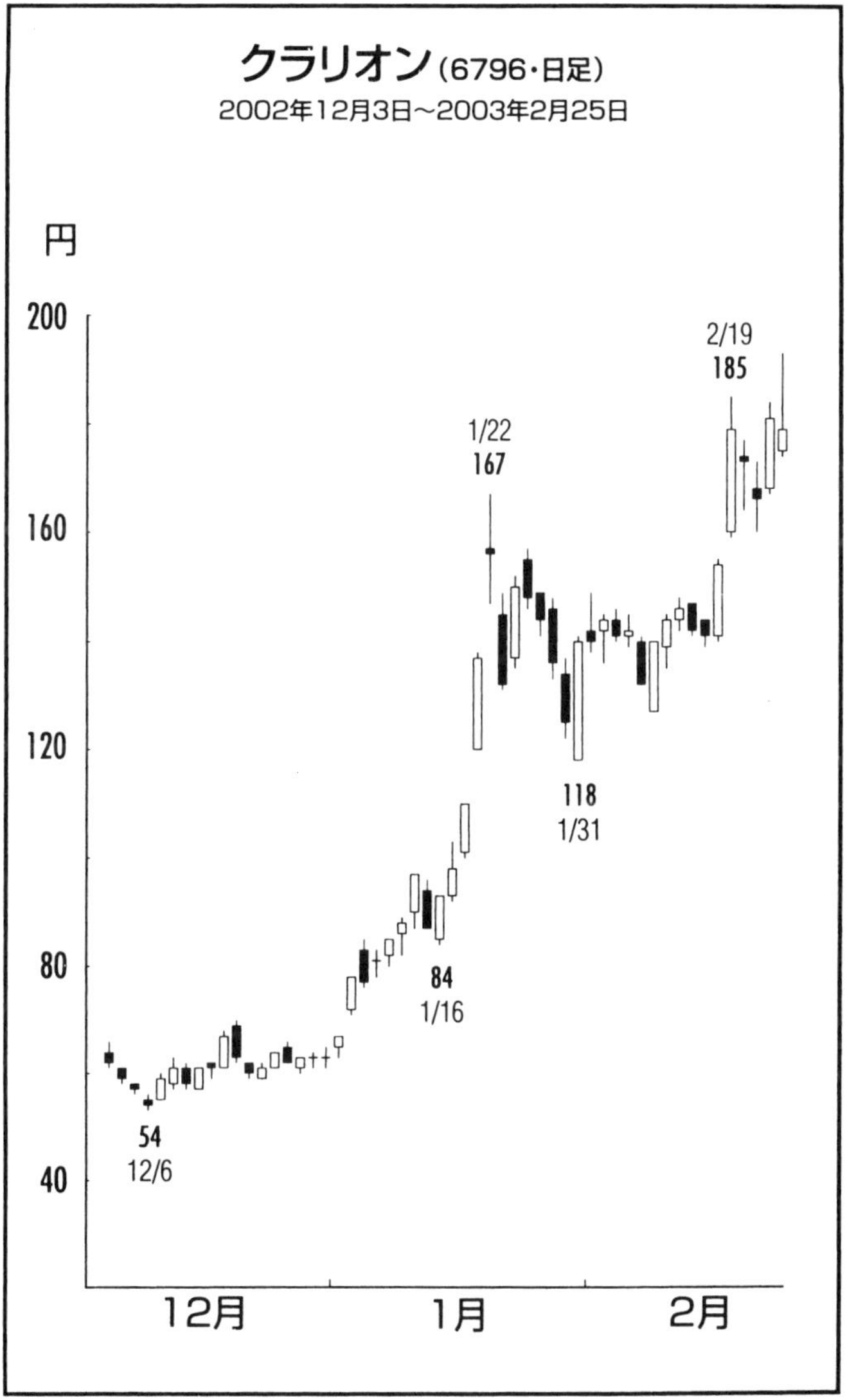
クラリオン(6796・日足)
2002年12月3日〜2003年2月25日
円
200
160
120
80
40
12月
1月
2月
54
12/6
84
1/16
1/22
167
118
1/31
2/19
185

オークマ（6103）

平成十五年（二〇〇三年）七月第一週に長大陽線を引いたが、七月一日の「突発材料」（日銀短観での設投回復→受注回復期待）によるもの。日足ではマドが空いている。それによる一種のバケ線だから、高値後の展開は乱線が相次いだ。酒田戦術の「実戦秘録」には「乱線出でたる時は何時にても退場休戦とす」とある。

七月第二週の陽線も極端に上ヒゲの長い足。これは前週の上ヒゲの部分にへばりついた行き詰まり線。これも一時退却のシグナルである。おまけに、この上ヒゲ極小線の実体を翌週抱くのが上寄陰線とあっては、いよいよ天井の決定線となる。多少の抵抗を交え三週後の八月七日には一二三六円まで下げている。しかし、これによって、マド埋めをほぼ完了したことが次の布石となった。この週は下ヒゲのたくり足。その翌週は陽の抱き線が出て、ひと先ずは三〇〇〇円台まで逆襲を試みる形勢となるが、上値の重さを印象づける上ヒゲ極小線が続いて行き詰まりは明らか。九月第三週の寄引同事線で買い勢力の消滅を決定づけ、最初のバケ線の出発点まで〝いってこい〟となってしまった。

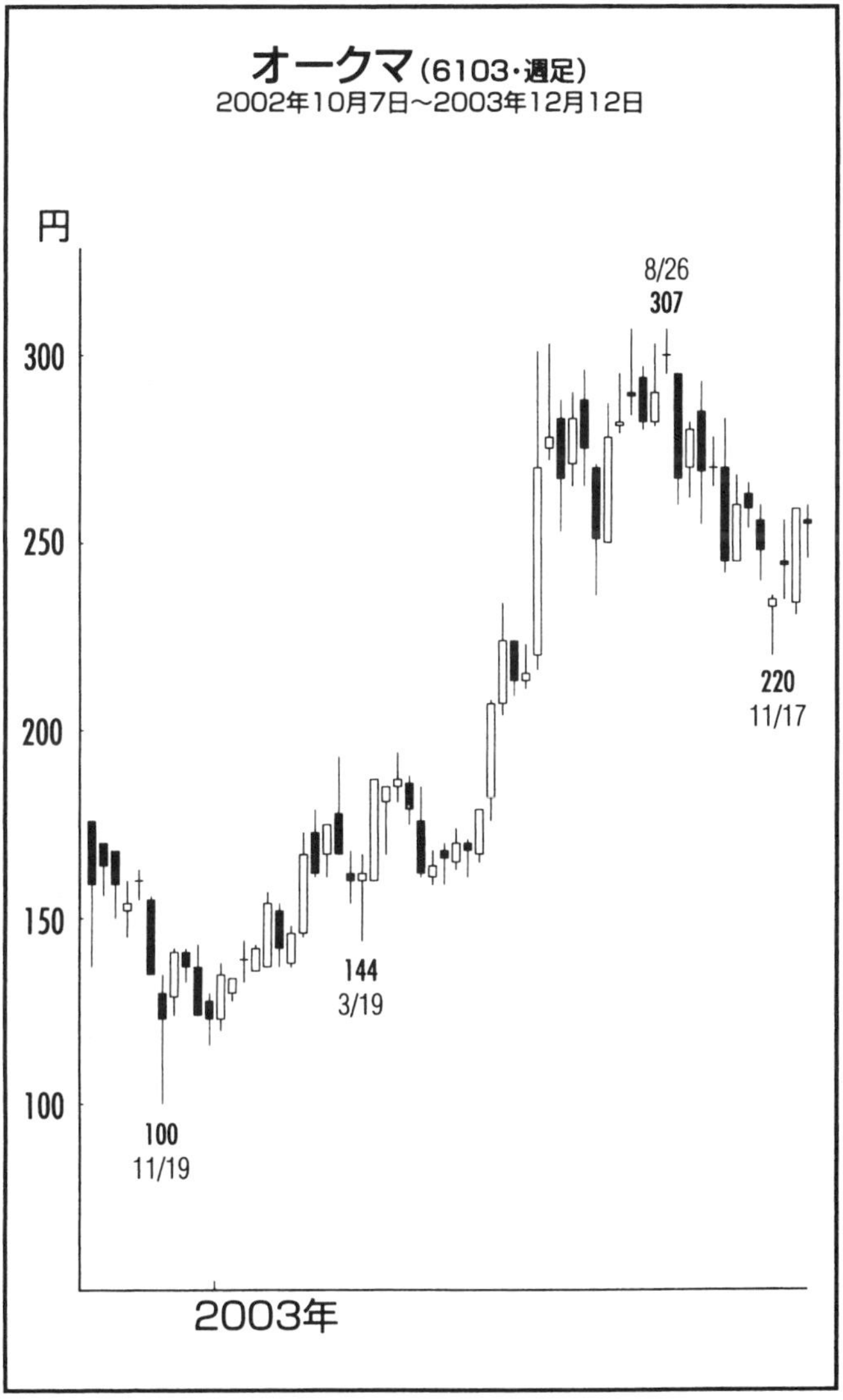

オークマ（6103・週足）
2002年10月7日～2003年12月12日
円
300
250
200
150
100
8/26
307
144
3/19
100
11/19
220
11/17
2003年

三井住友FG（8316）

平成十五年（二〇〇三年）の全体相場底入れは銀行株が主導した。メガバンクはこの年、春から秋への半年間でいずれも驚異的な上昇率となる。三井住友FGも例外でなく、この間四倍以上に化けたが、なかで第三段上げの局面が最も華々しかったことはいうまでもない。

「りそな」処理が焦点となった五月。ハラハラ地合いを背景に極小線が四本も続いた。「短き線打ち続くは放れの前提也」とはいうものの、火中の栗を拾いに行くようなもので、なかなか手は出ない。しかし、翌週の大陽線は号砲だった。続く陽線一本に陰線二本は、いわば〝つばめ返し〟の形。ひと呼吸を捕らえた初押し買いの好機となった。もう一本、これも長大陽線を引いた後の〝遊び〟が少しくどく、二段整理の形だったが、途中に現れた陽線が前の陰線を抱いているのが買い勢力の強さを示していた。

第三段上げは、九月第四週の陰線を挟んで、実に週足新値八本を積み重ねることとなった。酒田戦術は「新値八手」での利食いを薦めている。「それ以上は見逃せ」ともいう。十月二十日からの週の長大陰線で大天井を確認したのは、いわば定石通りということか。

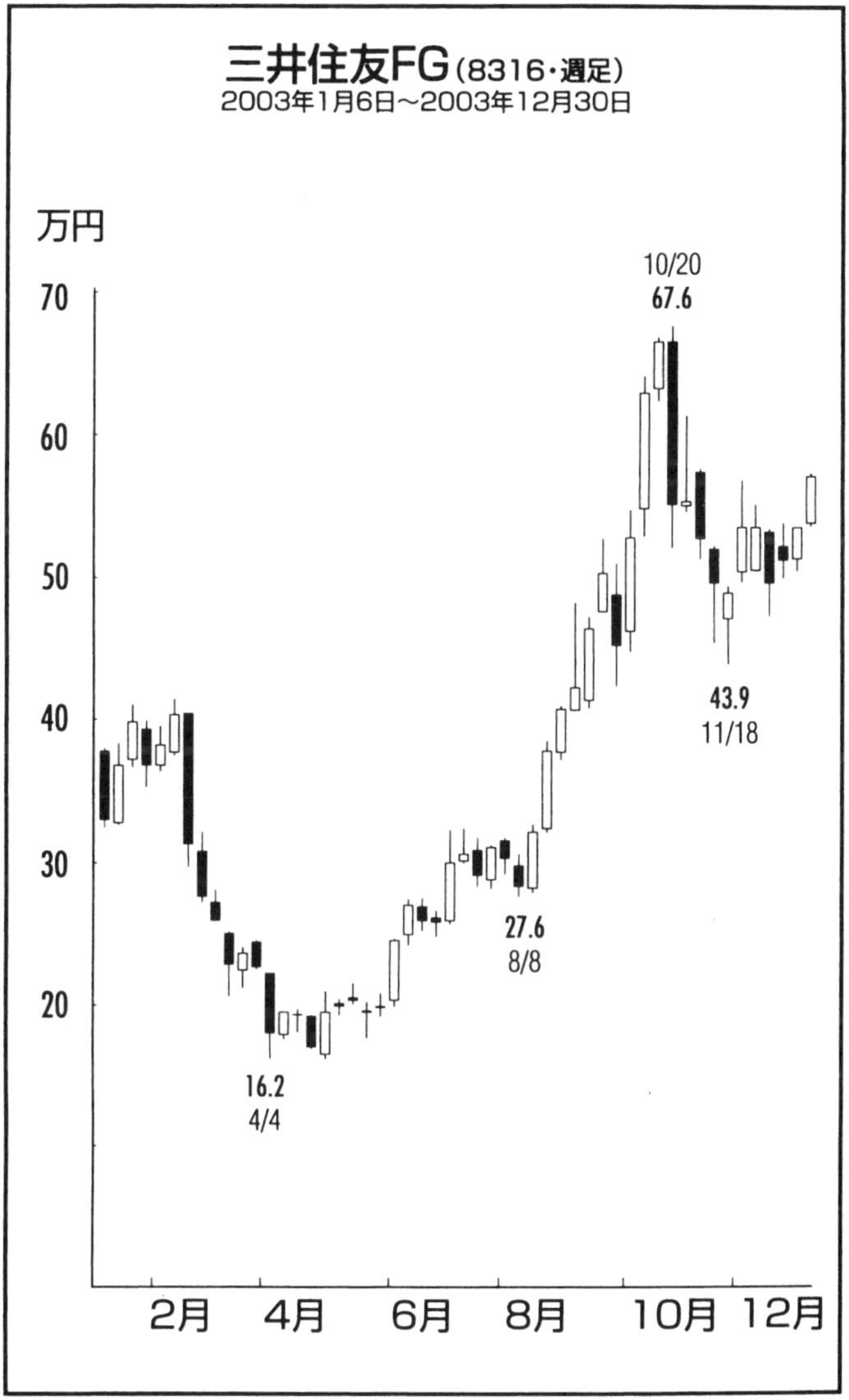
三井住友FG（8316・週足）
2003年1月6日～2003年12月30日
万円
70
60
50
40
30
20
10/20
67.6
43.9
11/18
27.6
8/8
16.2
4/4
2月
4月
6月
8月
10月
12月

ソフトバンク（9984）現 ソフトバンクグループ

「連続大赤線は天井近し。カブセ、寄せ線を待って売りに出るべし」が酒田の戦術。十月十七日の翌日も連続陽線で余韻を残すが、よく見ると行き詰まり線のような心許ない足取り。だから、カブセの大陰線出現は、躊躇なくドテン売り転換すべき局面だった。空を入れての叩き込み。わずか四日で三割以上の下落。形勢は完全に逆転した。

この四手目、上下にヒゲが長い「波高き線」が出るが、これは目先底入れのシグナル。ただ、陽線を出して戻りに入っても「戻りは空まで」も行けない上伸力の弱さ。二本目の陽線の翌日、上寄りして再度挑戦するかに見えたものの、終ってみれば陰のカブセ線。ここで反抗の気力も尽きた、という状況となった。

そこから数えて陰線新値八本、二段下げとなる。下ヒゲ陽線で一応は目先の下げ一巡と読める足が出ているが、ここからの戻りも二つの寄せ線がはっきりと限界を示していた。

十二月五日からの第三段下げも陰線新値八本。それを経て陽の抱き足が出た。しかも最後の陰線三本は下げ渋りの「下詰まり線」。次に三陽線が出てようやく底打ちとなった。

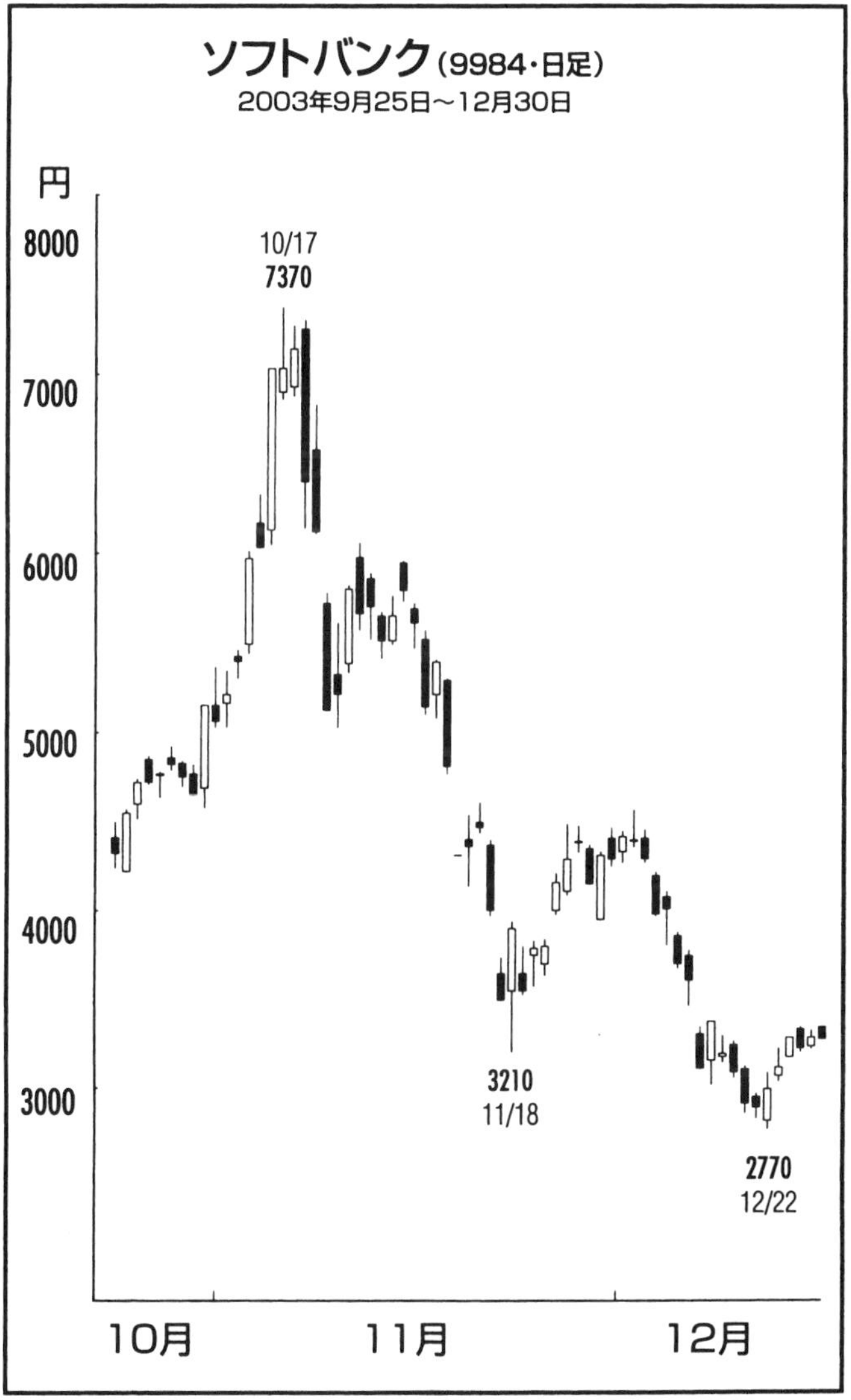

ソフトバンク（9984・日足）
2003年9月25日～12月30日
円
8000
7000
6000
5000
4000
3000
10/17
7370
3210
11/18
2770
12/22
10月
11月
12月

住友金属鉱山（5713）

わが国屈指の産金会社として、かつて華々しい仕手相場を演じたこともある。平成十五年（二〇〇三年）の回復過程では、最初は日経平均にほぼ連動する動きだったが、秋口からは独自の展開を模索するかの足取り。インフレ待望株として輝きが戻るかどうか。

週足を見る限りは、寄せ線（厳密には十字線でなく、上下にヒゲのある極小線）が小天井のシグナルとして随所に現れ、極めて分かりやすい足取りだ。箕山の「詳解」では、次が「下寄陰引すれば、天井」と判断するのが基本だが、実際、十一月第一週でも、平成十六年一月第一週でも翌週には陰線が出て調整局面に入っている。

いささか難しいのが、九月第一週と第三週に出現した極小線か。これも寄せ線というには実体に幅がありすぎるが、いずれも中段での気迷い線として目にすることの多い足である。特に、九月第一週の方は前週の陰線に孕む形。さらに前々週からみると、同幅で陽線、陰線と続いた「帳消し線」に近い線が出ている。この陽線、陰線の二本組み合わせは〝いってこい〟の上ヒゲ長い極小線と同じ。そうした気迷いを続く大陽線が一蹴するという大事な局面だった。

　さて、平成十六年一月高値から週足陰線五手連続はこの株にとって二年半ぶりのこと。「上進時代、押しは三手、または五手」であり、これ以上陰線を重ねては形勢まずくなりかねないところだったが、案の定、次の二月第三週には、またもや極小線が現れた。これが復活のシグナルとなるかどうか…。

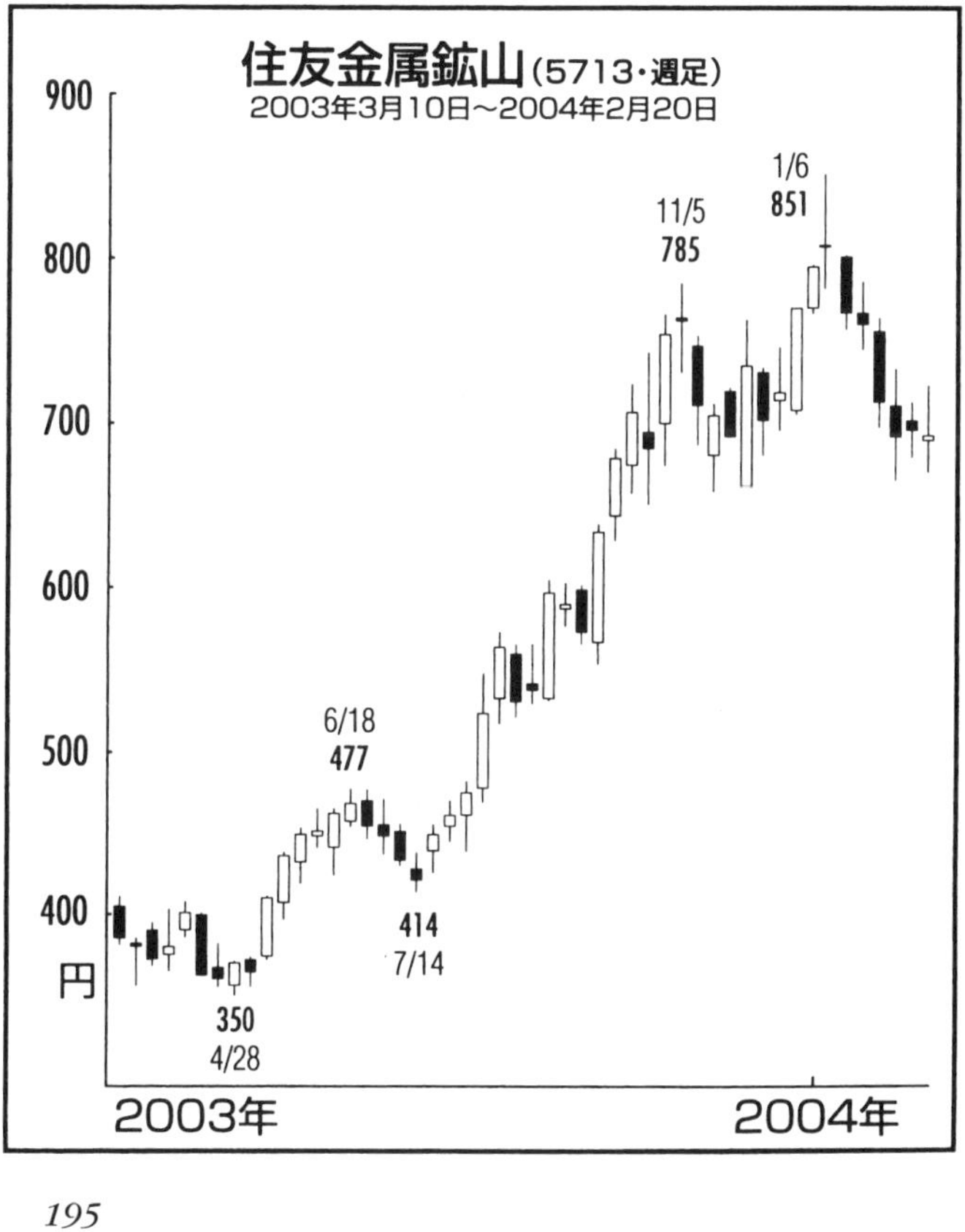

日本バイリーン　現在は非公開企業

対イラク戦争佳境となる平成十五年（二〇〇三年）四月の相場を彩ったのがSARS関連株。日本バイリーンも花形株だった。

「WHO(世界保健機関)が香港、中国広東省への渡航を禁止」と伝えられたのが四月二日。この日は十字足に次ぐ小陽線、当初の反応はこの程度。市場が騒然となったのは翌三日だった。寄り付き十五円高と上放れ、あとは一気にストップ高へ。「寄り付き大上放れは歩みにつくべし」が酒田憲法の教えだから、目をつむって「断固!・買い」となる。

上放れ三日目にはヤレヤレと目先筋の売りで〝カブセ足〟が出るが、それも「押しは三手、五手」、あるいは「押しは空まで」の原則から考えれば下値も自ずから見えている。

〝ツタイ〟二手の中間整理を挟んでの切り返しに現われたのは、〝カブセ〟ではなく上寄りして前日の実体に食い込まない〝押え込み〟。本来なら、これは上放れの前提とみられるが、翌日の大陰線が何やら不吉な前兆。波高い足をも交えて高値四四五円まで駆け上がるが、この日の足は大きな〝カブセ足〟。翌日、寄せ線をはらんで分岐点を迎える。その翌日に下寄りを確認し、ドテン売り。

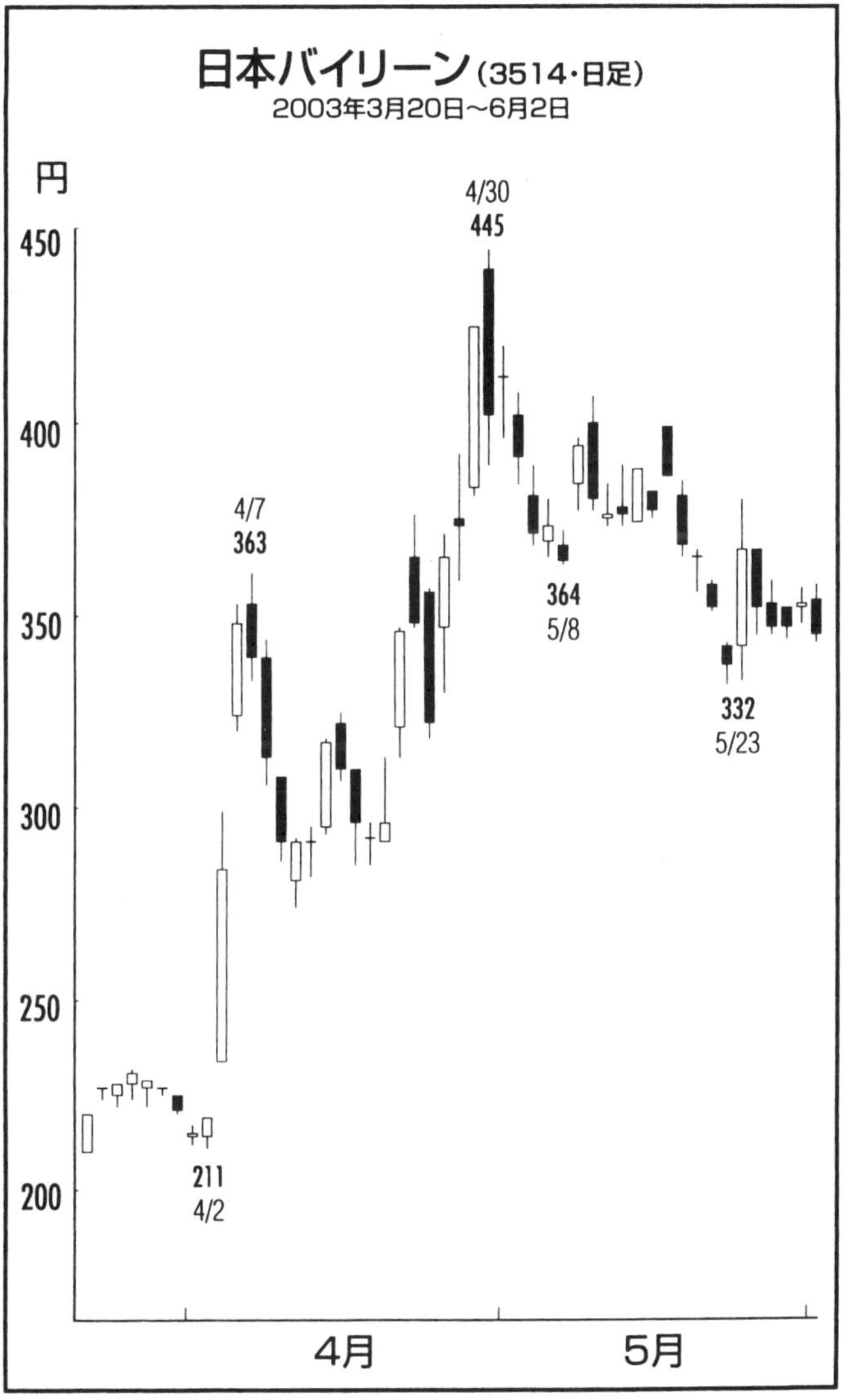
日本バイリーン（3514・日足）
2003年3月20日～6月2日
円
450
400
350
300
250
200
4/30
445
4/7
363
364
5/8
332
5/23
211
4/2
4月
5月

楽天（4755）

平成二十五年まで所属していたＪＡＳＤＡＱ市場の銘柄には、品薄のためケイ線分析に耐えられない銘柄も少なくなかったが、楽天クラスとなると、十分常識に適った動きを見せていた。平成十五年の秋、ヤフーの東証一部鞍替えという特殊要因もあったが、積極的なＭ＆Ａ戦略が評価されて大化けした経緯がある。

スタートは小幅のマドを空けて上放れた九月十七日。〝三手の新値〟が並ぶものの、三手目は上ヒゲ長い陽のコマ。続いて同じく陰のコマが出て、明らかに先発組が利食いに動いたことが覗われる。もっとも、ここで極小線が六本続いたのは〝上値遊び〟の典型例。これは「やがて大いに上伸する形態」である。上放れたところを買い増すのが上策となる。ここからは一気呵成。上伸途上、最初の陰線は〝カブセ〟だが、二回目は〝押え込み〟。これが陽線だと上げこじれの〝行き詰まり線〟だが、陰線で一息入れて相場がリフレッシュした。ここから陽線四本が続くが、七〇万円に乗ってから最後の二本はいずれも〝波高き線〟。それに続く〝カブセ〟でひとまず撤退となる。それにしても下げの陰線五本はちょっと過激。需給の変化があったとしか考えようがない。

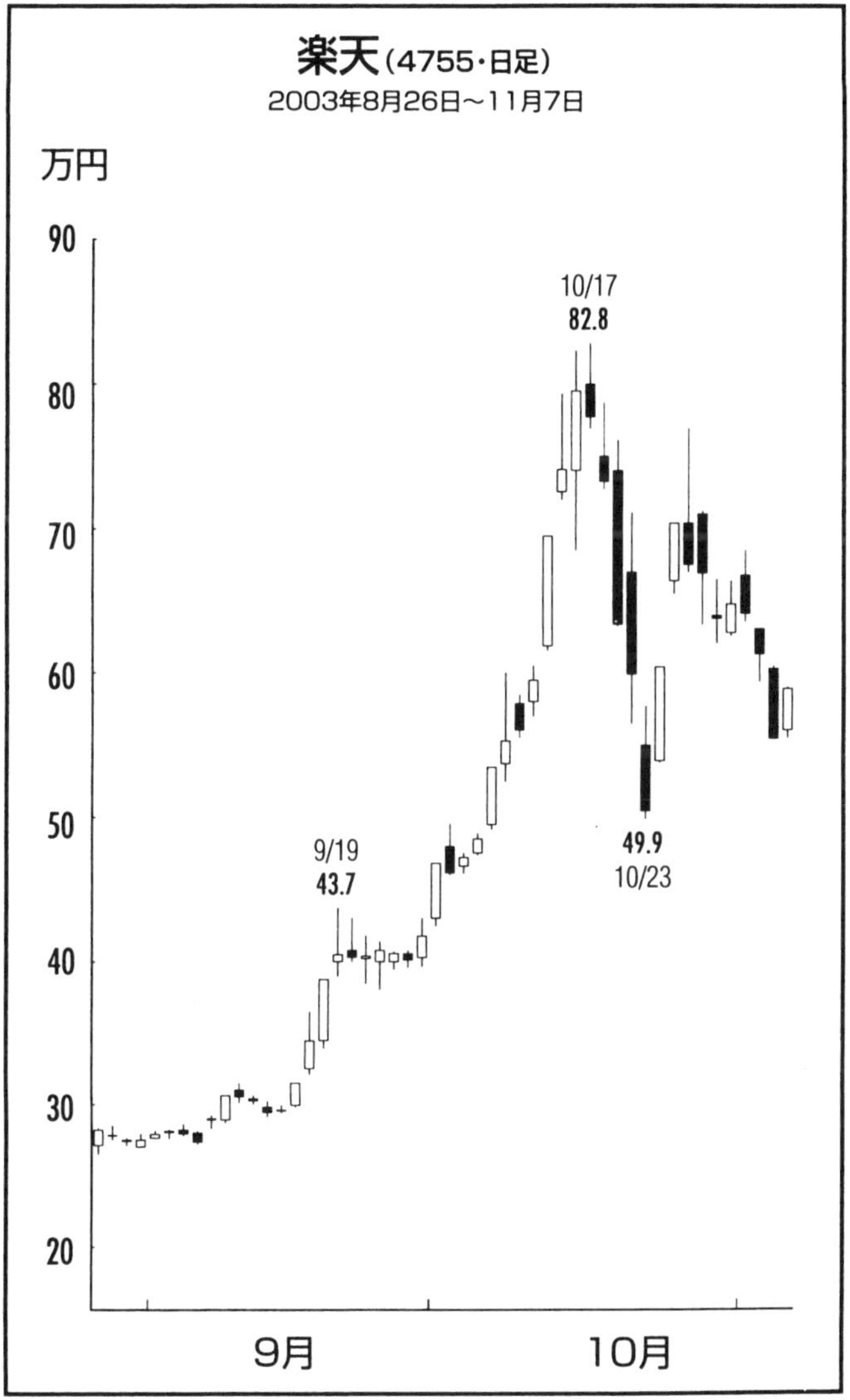

楽天（4755・日足）
2003年8月26日～11月7日
万円
90
80
70
60
50
40
30
20
10/17
82.8
9/19
43.7
49.9
10/23
9月
10月

ソニー（6758）

ソニーは平成三十年（二〇一八年）九月最終週に六九七三円高値を付けたが、翌週は攻防の分岐点とされる孕《はら》み陰線をマーク。こうした足が出現したときは、次の一手を確認したうえで対処する慎重さが必要だ。この銘柄の場合は、孕み足で上値追いエネルギーが消耗し尽くす格好となって下降トレンドに転換し、平成三十一年三月二十五日には四五〇七円まで下押した。中国の通信機器大手メーカー向けのCMOSイメージセンサーの需要減観測が株価の足を引っ張る一因となった。

しかし、その三月安値を付けた翌週から週足で三陽連、つまり三本連続の陽線を引いたことで五カ月に及ぶ調整局面からの離脱が示唆され、五月半ばには五九六五円まで上昇し、久々に大陽線を引いた。相場復活のシグナルである。

その翌週は再び孕み陰線となったものの、五月下旬から六月初旬にかけての押し幅は浅く、六月四日の五〇七〇円で三月安値に対応する2番底を形成した。下値切り上げの状況が変わらないときは、上昇トレンドは不変——それを象徴するような足取りである。

ソニー（6758・週足）
権利落ち修正後
09/28
6,973.0
01/23
5,738.0
03/26
4,959.0
03/25
4,507.0
06/04
5,070.0
7500
7000
6500
6000
5500
5000
4500
4000
100
50
(百万株)
18/1
4
7
10
19/1
4
7

ファーストリテイリング（＝ユニクロ、9983）

日経平均の指数寄与度が極めて高いことで、しばしば注目される超値がさ株のファーストリテイリングは平成三十年（二〇一八年）一月十八日に五万一五八〇円高値を付けたあと、二月に入って日足のマドを空けながら急降下。二月中旬まで陰線が数多く表れ、売り圧迫の強さをうかがわせていた。「落ちてきたナイフはつかむな」というウォール街の相場格言がある。いったん相場が崩れて下値不安が渦巻く局面では、じっくり様子を見極め、ナイフが地面に突き刺さるのを確認してからでも遅くはない。

同年三月下旬には再び波乱色を強め、下放れるかに見えたものの、三月二十六日の三万八九〇〇円安値でボトムアウト。同日から九本連続の陽線を引き、勢力関係は二月当時とは逆の買い方優位になっている。ここは勢いに乗る急所。

下げ初動局面に当たる二月二〜五日に空けた四万八四二〇円と四万七二九〇円の日足のマド（チャート参照）を埋め切ると、一月高値奪回に向けて視界が広がっていく。実際、その後、このマドを埋め、足場を固めつつ七月には五万四一五〇円高値を付けた。

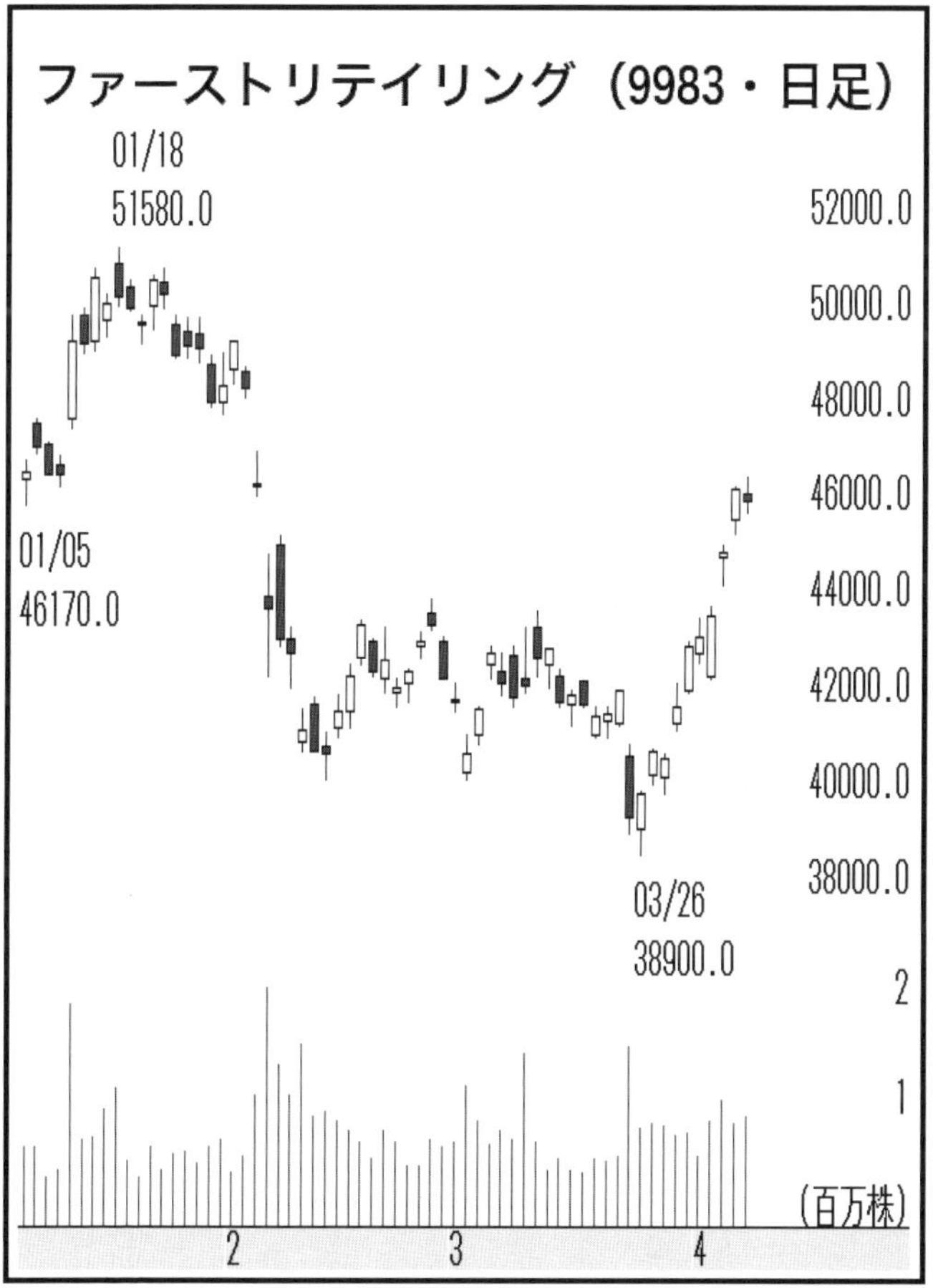
ファーストリテイリング（9983・日足）
01/18
51580.0
01/05
46170.0
03/26
38900.0
52000.0
50000.0
48000.0
46000.0
44000.0
42000.0
40000.0
38000.0
2
1
(百万株)
2
3
4

サンデンホールディングス（6444）

本間宗久翁秘録には、こんな一節がある。

「米の通ひ運びと申すは秘傳なり。此《この》見様、黒白《こくびゃく》の違ひあり、一毛《いちもう》違ふて千里を知る心、第一なり」

往来相場と、往来から抜け出す相場とは、黒と白との違いほどの差がある。一毛、つまり一円や一銭、一厘よりも、もっと小さな「変化」にも目を凝らし、その変化に、あたかも千里ほどの差を感じ取る相場心《ごころ》こそ、極めて大切である、と宗久はいう。むろん、千里とは宗久流の比喩だが、いったん相場の方向が変わると上げ下げいずれのケースでも、駿馬のように駆け出していくのが相場だ。

カーエアコン用コンプレッサーの大手、サンデンホールディングス（6444）は平成二十九年（二〇一七年）以降、二〇〇〇円前後に上値のフシ意識が働いていたが、翌年九月、この関門を突破し、そこから相場は瞬発力を発揮。同年十一月八日に二五八〇円まで噴き上げた。ただ、そこからは上値が重くなり、平成二十八年一月下旬には二四八九円という戻り天井を付けたあと、今度は高値もみを下放れる。もみ合い相場と放れ相場とでは、足取りがやはり「黒白」のように異なる。

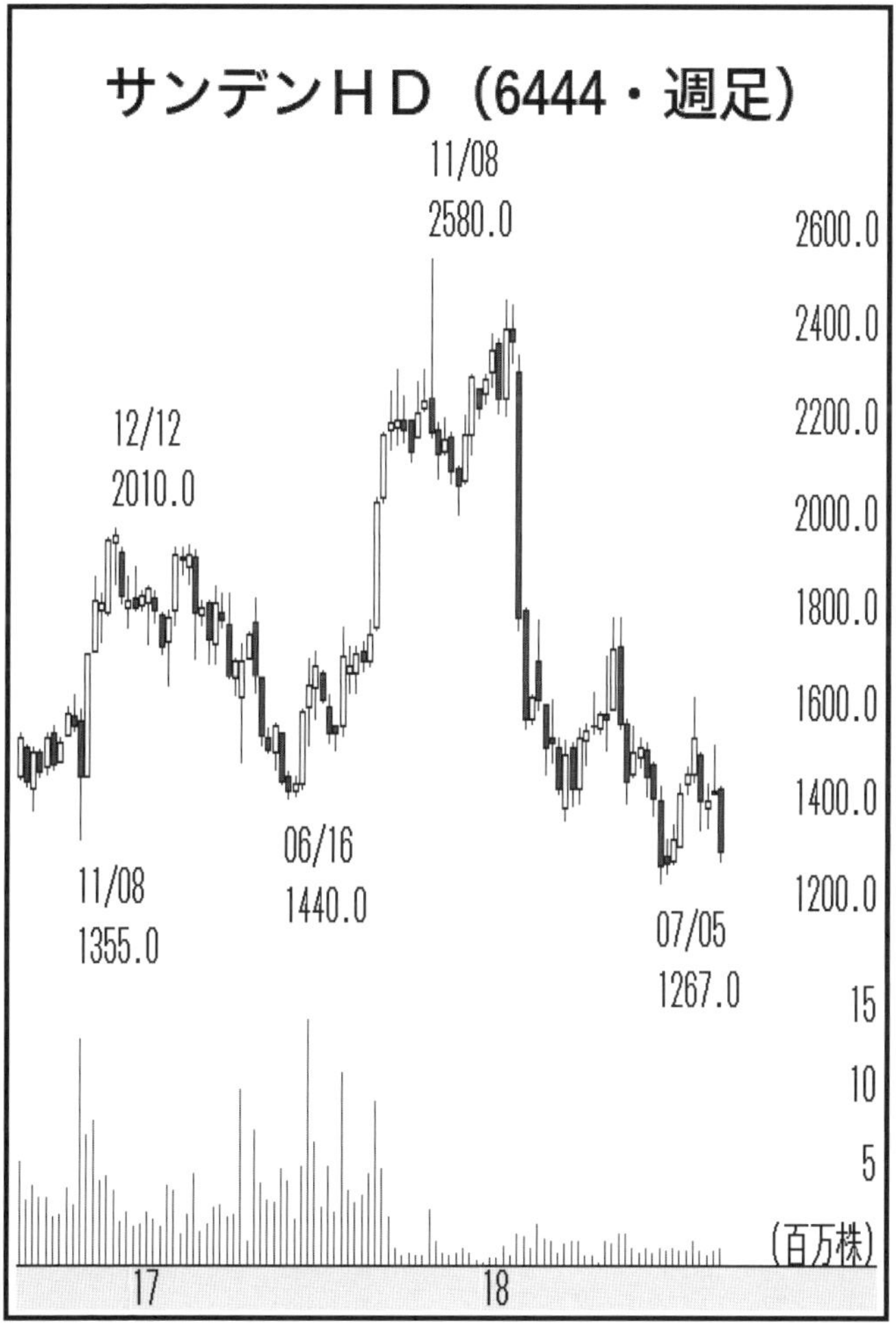

サンデンＨＤ（6444・週足）
11/08
2580.0
12/12
2010.0
11/08
1355.0
06/16
1440.0
07/05
1267.0
2600.0
2400.0
2200.0
2000.0
1800.0
1600.0
1400.0
1200.0
15
10
5
(百万株)
17
18

補章

「証券売買の秘宝」と箕山道人

さて、本書「酒田五法は風林火山」第一章では、「本書は、昭和二十五年ごろ〝箕山道人〟という著者名で自費出版された『証券売買の秘宝』という一書から要点を学んだもの」と記されているが、箕山道人なるものの人物像には触れられていない。

今回、七次改訂にあたって、その辺のヒントを得ようと、七十年ほど前に書かれ、今となっては手にとることとさえ難しい「証券売買の秘宝」を読み直した。しかし、周辺の資料も調べたが、本名はもちろん、出自すらつかめない。

ただ、同書の「はしがき」に、昭和二十四年（一九四九年）当時、「還暦を突破し」とあるため、おそらくは一八八〇年代生まれだろう。「何一つ得意の技量なければ致し方なし」としながらも、「只一つ相場に対する究理については、人後に落ちざる確信を有するものなり」としている。「殊《こと》に本間宗久翁の創案に依る秘傳、酒田戦術の研究については自讃にあらず、皆得を自認するところ」という。本間宗久と酒田ケイ線、それぞれの研究では相当な自信を臭わせている。

箕山は昭和十六年（一九四一年）春、宗久の「秘傳」を一度、刊行しようと思い立ったが、戦争による「身心の安静を消失し」たこともあってうまく進まなかった。しかし、終戦後五年を経て「一読忽《たちま》ち相場に役立つ事を保証す」と、自ら太鼓判を押す自信作をまとめた。それが弊社刊「酒田五法」のベースとなったわけだ。

箕山本には、本間宗久が晩年、相場界を引退したあと仏門に入って各地を遍歴していたころ、「奈良に立ち寄り心血を注ぎたる酒田戦術を某寺に奉納せり」と聞いていた、と書いてある。そして、箕山は「偶々《たまたま》此の寫《うつ》しを披見」、その後、研究に専念した、という。

しかし、宗久が寺に収めた戦術本の寫し＝写本＝を箕山以外、目にした、とするものは現れていない。そもそも、奈良の某寺とはどこなのか、この辺が不可解、かつ不明瞭とする相場研究者もいる。ただ、罫線の解読法という点から見る限り、「証券売買の秘宝」は、極めて実戦的でツボを押さえたもの。相場で勝利をつかむためには、天井、底入れという「（相場の）行き詰まりを知りて断行するに如かず」「酒田戦術こそ、この行き詰まりを知る希代の法典」と、箕山は自著でアピールしている。

もっとも、七次改訂では細かな部分を含め、いくつか修正・補筆しなければならない点が浮かび上がってきた。

例えば、前述したように、本書は「昭和二十五年ごろ〝箕山道人〟という著者名で自費出版された『証券売買の秘宝』という一書から要点を学んだもの」となっている。だが、正確な出版日は「昭和二十五年四月八日」。出版社は「株之研究社」。くり返しになるが、六次改訂版までの本書からは箕山の人物像は浮かび上がってこない。しかし、絶版となり、今や手に取ることすら難しい「証券売買の秘宝」を読むと、箕山は個人投資家の〝誤れる投資行動〟に対しては遠慮なく手厳しい批判を浴びせる直言居士だったようだ。

「売ったり買ったり年中、相場を成す者あれど、これ相場の亡者として救ふべからざらる相場の大病人、遂には療養叶《かな》はざる末路となるべし」

「何時も相場を大きく見て、ヤレ何百円まで有るなどと出もせむ相場を誇称《こしょう》するものあれど、此れ相場の誇大妄想狂にして、共に語る価値なしと知るべし」

頻繁に売買を繰り返して自制が利かなくなった人、華々しく鳴らす相場の進軍ラッパを止めようとしない人は、それぞれ相場の亡者、誇大妄想狂、と箕山の眼には映ったのである。

戦後相場の大底3カ月前の読み

もう一度、前述した〝箕山本〟の発行日、「昭和二十五年四月八日」に注目してほしい。
その一年ほど前になる昭和二十四年五月十六日に国内の取引所は約四年ぶりに取引を再開（当日の日経平均は一七六・二一円）。ところが「ドッジ・デフレ」の荒波で、昭和二十五年七月六日には八五・二五円と、再開時に比べ五一・六％の惨落となった。この安値が、戦後の最安値だ。

朝鮮戦争が勃発したのは、その二週間ほど前の六月二十五日。箕山は、戦後の日本経済と株価が喘《あえ》いでいる渦中に出した本の中で、こう強調している。

「今や金詰りと株式の過剰は、互いに因果の関係をくりかえしつつ、低落してその停止するところを知らぬ観があるけれども、静かにこれを相場大道より観測して（中略）、我が国産業の在り方を考えるとき、本年下期以降、日本経済が明るく展開する見透しを覚知するのである」

この見通しは的中した。酒田ケイ線への慧眼《けいがん》は、経済の大局観にも貫かれていた。

むすび

相場は生きもの

以上をもって、酒田憲法の基本型と、その組み合わせによる実戦上の応用動作のいろいろ、いわゆる相場道の神随を、ほぼ解説してきたと思う。要するに「相場は生きものである」ということであり、その呼吸を体得することこそ肝心であろう。

いうなれば投機の世界は、人間心理のルツボである。「智に働けば角が立つ、情に棹させば流される」といったようなもの。理屈ばかりいっても、もちろんダメ。かといって、恋愛じゃあるまいし盲目になっても困るのである。「アバタもエクボ」なんてことは冷徹な相場の世界では通用しない。おそらく相場の名人——達人は、恋などできない木石なのかもしれない。

あたかも物理学者が数理の世界から宇宙の真理を発見するように、まず相場の世界を凝視する必要がある。しかし、相場の世界に踏み込む限りは〝象牙の塔〟の人ではすまない。泥にまみれることもある。かといって、年中買ったり売ったり、パチンコ・マニアじゃあるまいし休みを忘れて〝相場に淫する〟ようでは身を亡ぼす。

宮本武蔵も強いだけでは、たいした面白味はない。知略とともに、心の鍛練をすること、剣の道も相場道も同じというのが、酒田憲法の本質であろう。

そこで「柳は緑、花は紅……」の心境に達し、人間味をもってこそわかる。相場のアヤもわかるということではないか。たしかに相場の奥義を究めることは極めて難事ではあるが、到達してみれば「ナンダ」というものかもしれない。

箕山道人は〝道〟を極め、この〝法示〟をマスターするなら「買えば二上がり、売りゃ三下がり、いつも利食いの本調子」といい、さらに一茶の句を引用「ことしより　まるもうけぞよおらが春」になるといっている。

酒田五法は風林火山

—相場ケイ線道の極意—

昭和四十四年二月十五日　初版発行
昭和五十二年八月一日　一次改訂版初版発行
昭和六十二年九月二十一日　二次改訂版初版発行
平成四年八月三日　三次改訂版初版発行
平成五年七月十四日　四次改訂版初版発行
平成七年十月二十六日　五次改訂版初版発行
平成十六年五月十二日　六次改訂版初版発行
令和元年十二月十日　七次改訂版初版発行
令和七年一月十五日　七次改訂版五刷発行

編・著　日本証券新聞社
発行者　増子光正
発行所　株式会社日本証券新聞社
〒一〇四—〇〇三三
東京都中央区新川二—五—二
新川エフビルディング六階
電話・東京（〇三）六六六一—九四一五
カバー・本文デザイン　株式会社志岐デザイン事務所
印刷所　株式会社ケイアール

落丁・乱丁本はおとり替えします。

ISBN978-4-930896-42-1